図解 コーチングスキル

話題のコーチングスキルが、今日からすぐに使える

COACHING SKILL

Suzuki Yoshiyuki
株式会社コーチ・エィ取締役副社長
鈴木義幸

Discover
ディスカヴァー

まえがき

本書の基である『コーチングが人を活かす』が世に出たのは５年前になります。


コーチングという言葉さえ、ほとんどの人がまだ耳にしたことがないという時でした。

コーチングの本など、果たして買ってくれる人がいるんだろうか。

どこの馬の骨かもわからない鈴木義幸たる人間の本など手に取る人がいるんだろうか。

出版直前は明らかに期待よりも不安のほうが大きかったのを憶えています。


しかし、幸いなことに、そうした不安は杞憂に終わりました。

『コーチングが人を活かす』は多くの書店でベスト10にランキングされ、この５年間で、10万人を超える人にお読みいただくことができました。

また、多くの読者の方から、この本を読んだことがきっかけとなって、コーチングを本格的に学び始めたという言葉もいただきました。

『コーチングが人を活かす』を通して、コーチングという世界を多くの方に知っていただく機会を創ることができ、大変嬉しく思っています

そして、このたび、よりわかりやすく、より印象に残る形で『コーチングが人を活かす』の内容を、さらに多くの皆さんにお伝えしたい。そんな気持ちで『図解コーチングスキル』を創りました。


コーチングは相手を育て、目標達成に導くためのコミュニケーションの技術です。

コミュニケーションをとるときには、どれだけこれからとろうとするコミュニケーションのイメージを持てているかがとても大事になってきます。

たとえば、コーチングの中で『心の絵を差し替える』というスキルがあります。

絵を差し替えるとは一体相手に何をするのかということが、言葉で理解できるだけでなく、具体的なイメージとして眼前に広がっていたほうが、はるかにそのスキルを使いこなせるのです。


ぜひ、図解のイラストを頭の片隅に携えて、目の前の人とのコミュニケーションに臨んでみてください。

そして、人を育て活かすという、エキサイティングな営みの中に飛び込んでみてください。


本書が少しでも、みなさんのコーチングマインドを刺激することになれば幸いです。

2005年６月　鈴木義幸

図解コーチングスキル　目次

PART 1 相手の中から答を引きだすための19のスキル

SKILL1 相手から引きだす ……… 8
SKILL2 かたまりをほぐす ……… 10
SKILL3 相手がすぐに答えられる質問からはじめる ……… 12
SKILL4 「なぜ」ではなく「なに」ときく ……… 14
SKILL5 沈黙を活用する ……… 16
SKILL6 答は必ず相手の中にあると信じる ……… 18
SKILL7 答を見つける旅にだす ……… 20
SKILL8 不満を提案に変えさせる ……… 22
SKILL9 相手に関する質問をたくさんつくる ……… 24
SKILL10 「究極の質問」で変化を起こす ……… 26
SKILL11 「かたまり」にする ……… 28
SKILL12 オウム返しをする ……… 30
SKILL13 じょうずなあいづちを打つ ……… 32
SKILL14 自分の気持ちを話す ……… 34
SKILL15 相手のタイプをみきわめる ……… 36
SKILL16 「四つのタイプ」を知る ……… 38
SKILL17 相手の強みを活かす ……… 40
SKILL18 自分にとってどんなによかったかをほめ言葉にする ……… 42
SKILL19 リクエストをきく ……… 44

PART 2 相手に未来への夢を抱かせるための7つのスキル

SKILL20 目標についてとことん話す ……… 48
SKILL21 相手の視点を変える質問をする ……… 50
SKILL22 相手が価値を置いている行動を目標達成の手段にする　52
SKILL23 「いい結果」をイメージさせる ……… 54
SKILL24 客観的な視点を持たせる ……… 56
SKILL25 数値化する ……… 58
SKILL26 独自のチェックリストをつくらせる ……… 60

PART 3 相手に新しい視点を与え、自発的な行動を促すための15のスキル

SKILL27 物語をつくる ……… 64
SKILL28 枕詞をおく ……… 66
SKILL29 相手の人生に新しい切り口を与える ……… 68
SKILL30 広く多くのことをきく ……… 70
SKILL31 「命令」ではなく「説明」する ……… 72
SKILL32 相手に受け入れられる「提案」をする ……… 74
SKILL33 とんでもないリクエストをする ……… 76
SKILL34 役割を交換する ……… 78
SKILL35 フォローする ……… 80
SKILL36 失敗する権利を与える ……… 82
SKILL37 「ここぞ」という場面でクローズド・クエスチョンを使う ……… 84
SKILL38 相手の心に火をつける ……… 86
SKILL39 ほめ続ける ……… 88
SKILL40 心の絵を差し替える ……… 90
SKILL41 エネルギーを蓄えさせる ……… 92

本書は、上司のかたがたのこんな悩みにヒントを与えます。

スキルの難易度

上級	中級	初級	こんな状況のときは……
	SKILL23 (P.54)	SKILL35 (P.80) SKILL37 (P.84)	部下が期限通りに レポート等を提出しない
	SKILL 2 (P.10)	SKILL25 (P.58)	部下が顧客とどのように商談を 進めているのか今ひとつ見えない
SKILL 5 (P.16)		SKILL 1 (P.8) SKILL 3 (P.12) SKILL13 (P.32)	部下にたくさん話させたいのに 自分が一方的に話してしまう
SKILL 4 (P.14)	SKILL 6 (P.18)		非常によい成績をあげていた部下が 最近スランプに落ちこんでいる
	SKILL15 (P.36) SKILL16 (P.38)		どうしてもそりの合わない部下がいる
SKILL 4 (P.14)	SKILL14 (P.34)	SKILL 3 (P.12) SKILL13 (P.32)	部下に仕事の状況をきこうと 質問しても、あまり話してくれない
SKILL27 (P.64) SKILL29 (P.68)	SKILL32 (P.74)	SKILL28 (P.66)	一生懸命自分の体験を伝えているのに 部下は真剣に受け止めていない
	SKILL 6 (P.18) SKILL36 (P.82)		部下に仕事を任せることができない
	SKILL 6 (P.18) SKILL36 (P.82)	SKILL 7 (P.20)	部下の中に答があるとは とうてい思えない
SKILL 8 (P.22)	SKILL24 (P.56) SKILL34 (P.78)		部下がいつも 不平や不満ばかりいってくる
SKILL11 (P.28) SKILL22 (P.52)	SKILL20 (P.48) SKILL21 (P.50)		部下の目標設定を うまくすることができない
	SKILL26 (P.60)	SKILL 7 (P.20) SKILL19 (P.44)	部下のほうが知識を多く持っていて どう接したらよいのかわからない
	SKILL15 (P.36) SKILL16 (P.38) SKILL31 (P.72)		若い人とうまく接点を 持つことができない
SKILL 9 (P.24)	SKILL15 (P.36) SKILL16 (P.38) SKILL24 (P.56)		部下が後輩とうまくいっていない
SKILL10 (P.26)	SKILL 6 (P.18)	SKILL13 (P.32)	部下の提案や アイデアが引きだせない
SKILL11 (P.28)	SKILL23 (P.54)	SKILL35 (P.80)	部下が自分でやると宣言したことを 継続してやらない

スキルの難易度

上級	中級	初級	こんな状況のときは……
SKILL 8 (P.22)		SKILL 12 (P.30)	自分のグループの雰囲気が悪い
	SKILL 14 (P.34) SKILL 15 (P.36) SKILL 16 (P.38)		新しい部下と一日も早く よい関係を築きたい
SKILL 17 (P.40) SKILL 22 (P.52)	SKILL 15 (P.36) SKILL 16 (P.38)		自分と違うタイプの部下を どう育てたらよいかわからない
	SKILL 18 (P.42) SKILL 39 (P.88)		部下をどうほめたらいいかわからない
		SKILL 19 (P.44)	部下を応援してあげたいが どう応援すればよいのかわからない
	SKILL 24 (P.56) SKILL 30 (P.70)		部下が最近仕事のことでとても 悩んでいるようだ
SKILL 29 (P.68)	SKILL 25 (P.58) SKILL 31 (P.72)		部下にあまり問題意識がない
		SKILL 28 (P.66)	部下にいいたいことがあるが ちょっといいにくい
SKILL 29 (P.68)	SKILL 21 (P.50) SKILL 26 (P.60) SKILL 30 (P.70)		部下は真面目で実直だが視野が狭く、 いろいろな可能性に目を向けられない
SKILL 33 (P.76)	SKILL 20 (P.48)		部下はよくやっているが 今ひとつ大きく伸びない
	SKILL 20 (P.48) SKILL 31 (P.72)		部下との間にビジョンの共有がない
SKILL 22 (P.52)	SKILL 38 (P.86)	SKILL 37 (P.84)	部下の仕事に対するコミットメントが あまり高くない
SKILL 40 (P.90)	SKILL 36 (P.82)	SKILL 35 (P.80)	部下がリスクある行動に向けて 最初の一歩が踏み出せない
	SKILL 14 (P.34) SKILL 15 (P.36) SKILL 16 (P.38)		部下とのコミュニケーションが どうもしっくりいかない
	SKILL 24 (P.56) SKILL 41 (P.92)		最近部下が疲れている
すべての項目が問題解決の ヒントとなります			部下が目標を達成しない

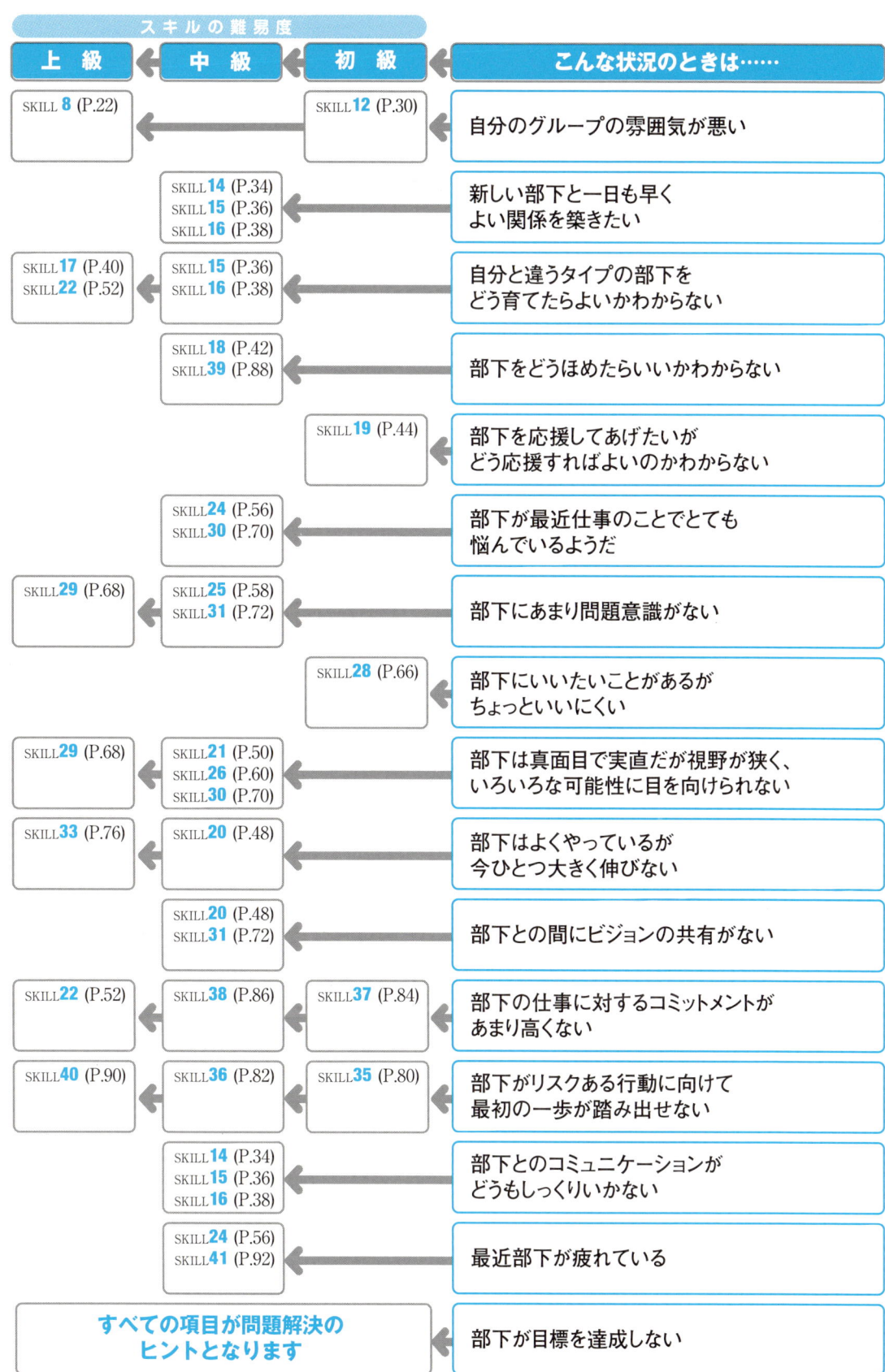

- ☑「究極の質問」で変化を起こす
- ☑「かたまり」にする
- ☑オウム返しをする
- ☑じょうずなあいづちを打つ
- ☑自分の気持ちを話す
- ☑相手のタイプをみきわめる
- ☑「四つのタイプ」を知る
- ☑相手の強みを活かす
- ☑自分にとって
どんなによかったかをほめ言葉にする
- ☑リクエストをきく

PART 1 相手の中から答を引きだすための19のスキル

- 相手から引きだす
- かたまりをほぐす
- 相手がすぐに答えられる質問からはじめる
- 「なぜ」ではなく「なに」ときく
- 沈黙を活用する
- 答は必ず相手の中にあると信じる
- 答を見つける旅にだす
- 不満を提案に変えさせる
- 相手に関する質問をたくさんつくる

SKILL 1

相手から引きだす

難易度▼初 中 上

こんな場合にこのスキル

- □部下にたくさん話させたいのに自分が一方的に話してしまう
- □部下が目標を達成しない

コーチングの定義で「引きだす」とは、相手さえもまだ自分の内側に眠ることに気づいていない情報を引き上げ、新たな行動の指針となる知識に変えていくことです。

あなたの部下や顧客は、仕事をうまくいかせるための十分な情報を自らの中に持っているかもしれません。誰かが引きださなければ永遠に口にされることのない思いや考えが内側にあるかもしれません。真剣に引きだしてくれる人がひとりいるだけで、その人の人生はずっと豊かなものになるでしょう。

では、具体的にはどのようにすれば、人から引きだすことができるでしょうか。人と人が向かい合えば、たとえそれが親子であったとしても、ある種の摩擦が生じます。人は基本的に自分以外の人間に対して防衛を働かせているからです。厚いシャッターが下りたままでは、その向こう側にあるものを引きだすのは容易なことではありません。

引きだすための第一歩は、相手が下ろしているシャッターを少しでも上げることです。そしてシャッターを上げるには、常日頃から「通りがかりの一言」を大切にする必要があります。「おはよう」「ありがとう」、そんな当たり前の一言にどれだけ気持ちをこめられるかで、シャッターの上がり下がりは変化します。向かい合ってからはじめて、重く閉ざしたシャッターに手をかけるのでは遅すぎます。

その上で、引きだすために質問をします。そして、ひとつ答を受けとったら、受けとったことをちゃんと相手に伝えます。「そうなんだね」「そんなふうに考えていたんだね」。それからさらに相手を自由にします。「それで」「それから」「もっときかせてくれよ」。話の細部に対して関心が生まれたら、また質問します。そしてまた、受けとって、受けとったことを伝え、促し、質問する。この過程が繰り返されることによって、相手は引きだされたという実感を持ちます。

目の前の人の能力や気持ちや考えを引きだしてみよう、そう思った瞬間に、あなたはその人にとっての、その瞬間における人生最大のパートナー（コーチ）となるのです。

質問し、答を受けとったことを伝え、相手のシャッターを上げる

通りがかりの一言が大切

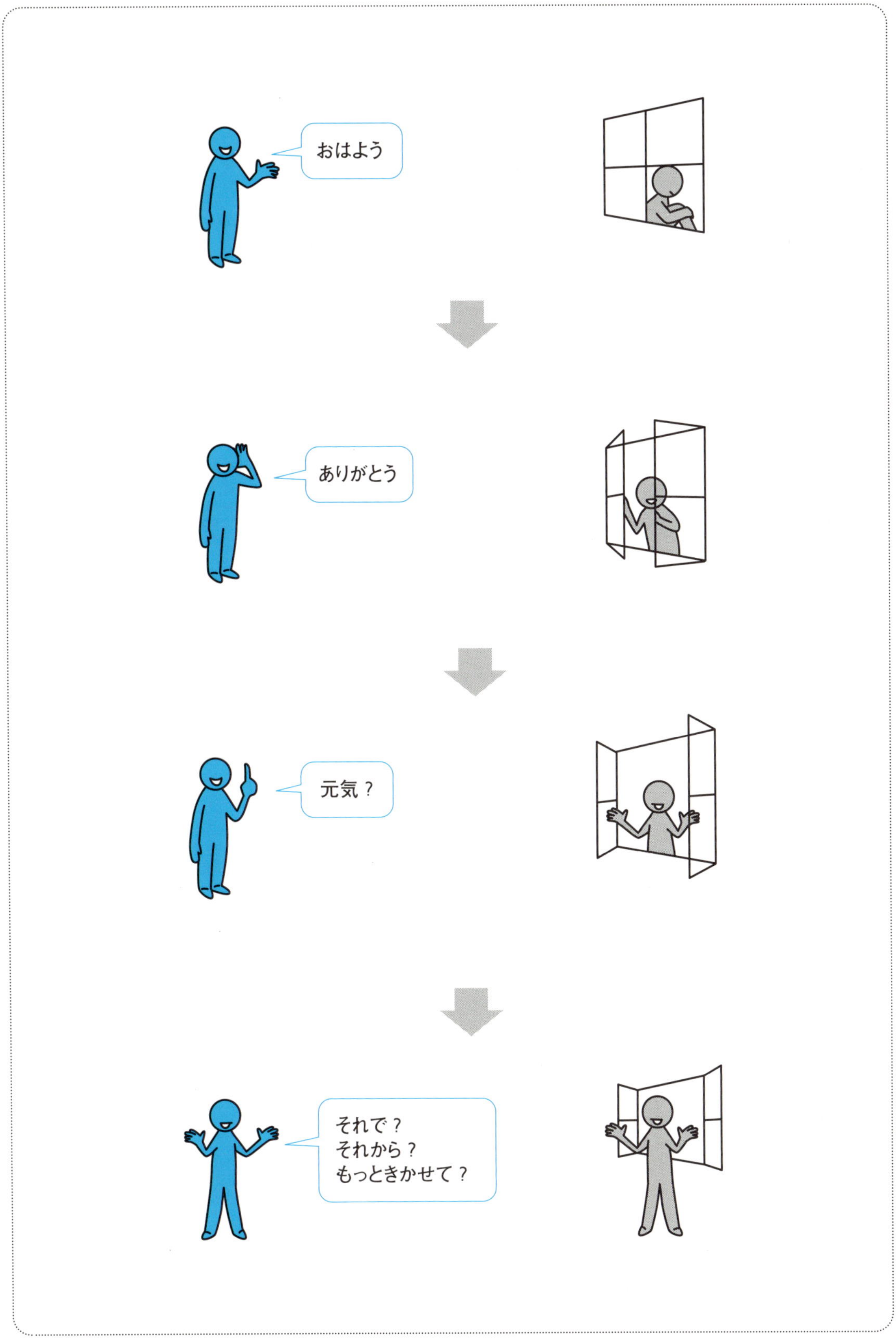

SKILL2

難易度▼初・中・上

かたまりをほぐす

こんな場合にこのスキル

□部下が顧客とどのように商談を進めているのか今ひとつ見えない
□部下が目標を達成しない

人は自分の過去の体験をひとつのチャンク（＝かたまり）にして脳の中にストックする傾向があります。ですから、「ハワイ旅行どうだった？」ときいたとき、いきなり具体的にあそことあそこに行ってこんなことをしたと話しはじめる人はあまりいません。とりあえず「すごく楽しかった」とか「まあまあだったね」とか、その体験を代表するひとつの言葉で答えます。相手との関係に安心感が少なければ少ないほど、この傾向は強まります。

ところが、ここで相手の抽象的な答に対して「そうですか」と一言返して終わってしまったり、「ハワイっていいとこだよね、僕も去年行ってさあ」といきなり自分のことを話しはじめたのでは、相手のチャンクの中味を知ることは永遠にできません。

そこで登場するのがチャンク・ダウン（かたまりをほぐす）というスキルです。相手の言葉のかたまりを具体的な言葉にほぐしていくわけです。

「すごく楽しかったって、具体的にはどんなことがあったの？教えてよ」「うん、ゴルフコースに出たんだけど、それがすごくよかったんだ」「そうなんだ。どんなところがよかったの？」

「海岸に隣接してたね……」

相手のかたまった言葉を受けて、それをほぐす。またかたまりを見つけて、ほぐす。相手の話を自分の中でどんどん絵に置き換えるというプロセスの中で、「まだここがはっきり絵にはならないな」という部分を質問にして返していく。これを繰り返すことで、相手のチャンクの中味を詳細に知ることができます。また、相手はとても深くきかれたと感じます。

「あの案件どうなってる？」という質問に「ちょっとうまくいってないんです」という答を部下が返してきたとき、「うまくいってないじゃわかんないだろ！　なにがダメなんだ！」と詰問してしまったのでは「うまくいってないこと」の中味を知るのはとてもむずかしいでしょう。

質問に、まず部下はチャンクで返す。そのチャンクをときほぐすのは、上司としての自分の役割だ。そう最初から認識していれば、声を荒げ詰問することもなくなるでしょう。

相手の話を、質問によって、自分の中で「絵」になるまで具体化していく

チャンク・ダウンすることで問題解決の道筋をつける

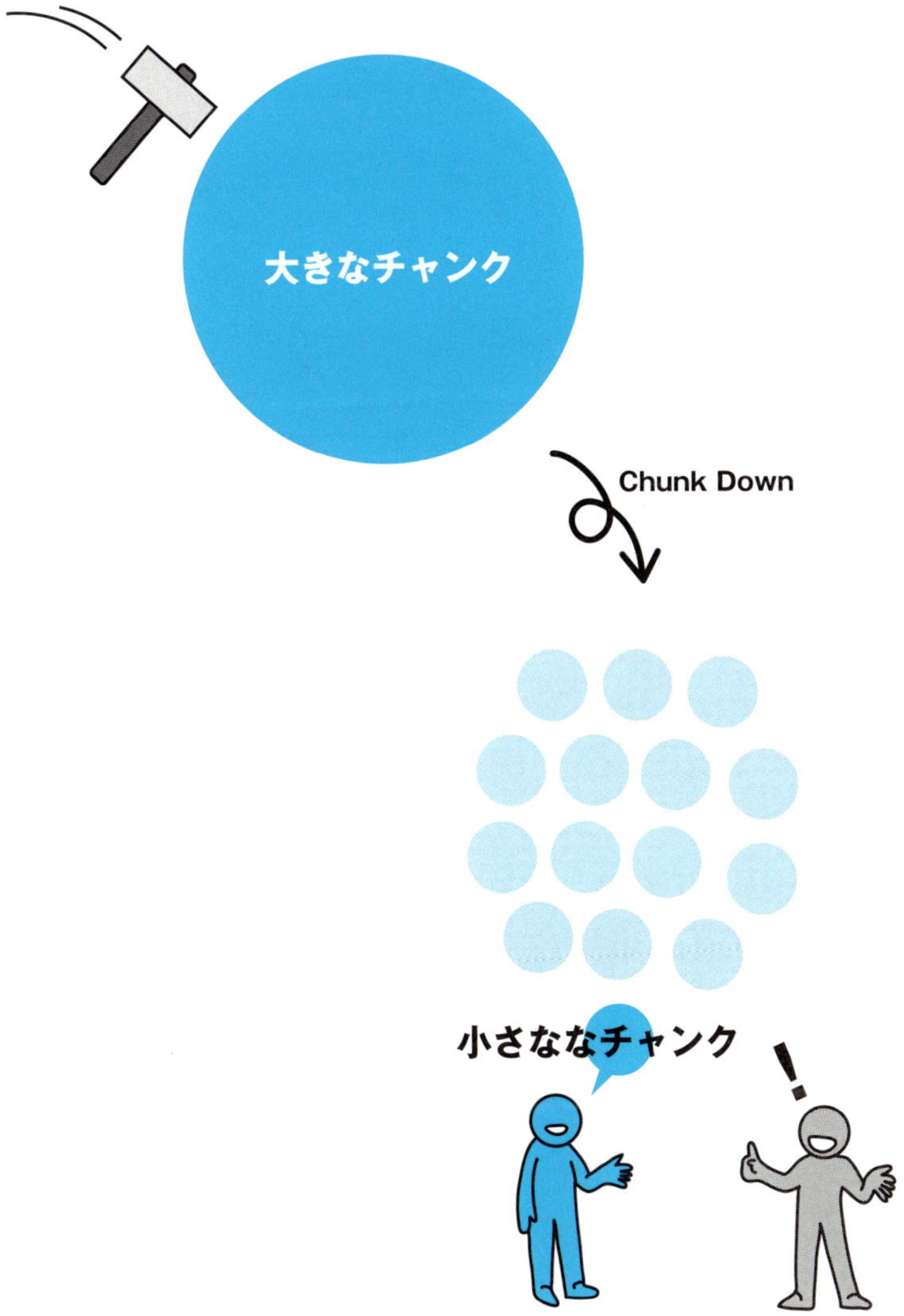

相手がすぐに答えられる質問からはじめる

難易度▼初 中 上

こんな場合にこのスキル

- □部下にたくさん話させたいのに自分が一方的に話してしまう
- □部下に仕事の状況をきこうと質問しても、あまり話してくれない
- □部下が目標を達成しない

　コーチングを学びはじめると、相手から引きだすことの醍醐味を知って、「よ〜し、引きだすぞ！」と力をこめすぎてしまう人がいます。先日も私の部下が、入社一年余にしてついにコーチングに目覚めてしまったようで「鈴木さんってどういうビジョンを持っているんですか？」「会社をどうしていきたいと思っているんですか？」と、なんの前触れもなく矢継ぎ早にきいてきました。しかも始業直後に。頭は回らないし、上司としていい加減なことは答えられないしで、とても息苦しくなりました。

　コーチングの基本は相手から引きだすこと。だからといって、いきなりぐいっと相手の内にあるものを引っ張りだすような質問は、効果的ではありません。よくあるのは先の話とは逆に、コーチングを学びはじめたばかりの上司が部下に答えにくい質問を投げかけてしまうことです。「この会社の中で将来どんなことを実現したいんだ」などといきなり「大きい」質問をしてしまう。しかも「さあ、引きだすぞ！」という顔をして前かがみになるものですから、きかれたほうはたまりません。ただでさえ答えにくい質問がよけい答えにくくなります。

　「大きい」質問に答えるためには、自分の意識を深く内側に入りこませる必要があります。それまで基本的には外に向いていた意識を急に深い内側に入れるのは、ちょうど朝起きたばかりでまだ体が眠っているような状態のときに、いきなり分厚いステーキを食べさせられるような不快感があります。相手との間に深い親密感がなければなおさらです。

　人は基本的に不快なことはなるべくしたくないのですから、まずは相手の意識を「小さい」質問で慣らす必要があります。上司であれば部下に「昼飯食べた？」「子どもいくつになったんだっけ？」「そのスーツいいねえ。どこで買ったの？」といった相手が抵抗感なく答えられる質問をいくつかします。そして意識を徐々に内側に入れていきます。「大きい」質問をしていいのはそれからです。

　相手から多くを引きだすためには、まず「小さくて」必ず答えられる質問からしていく。それが鉄則です。

大きい質問をする前に、まず小さくて必ず答えられる質問からはじめる

大きなビジョンを聞く前に小さな質問を

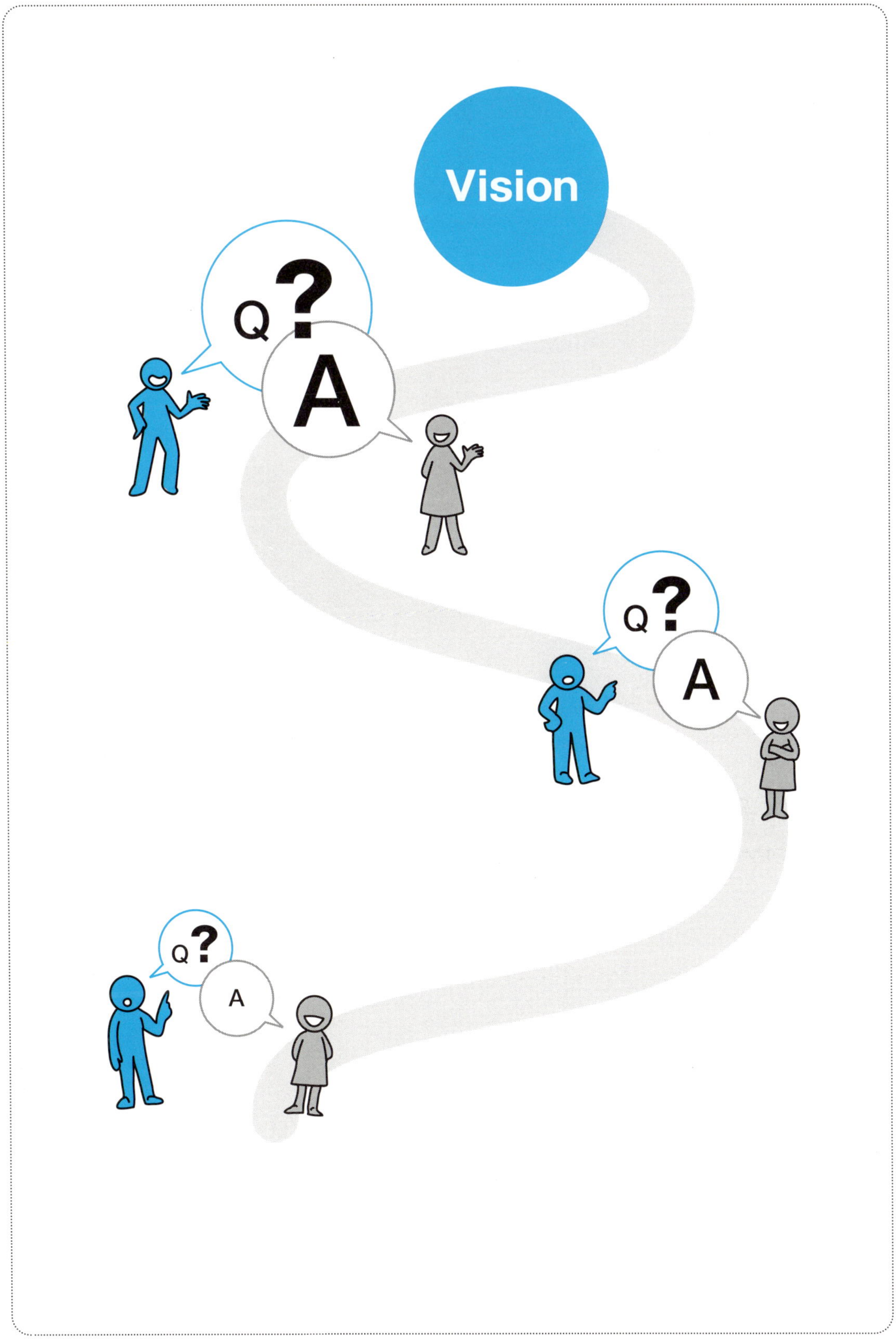

SKILL4

「なぜ」ではなく「なに」ときく

難易度▼初 中 上

こんな場合にこのスキル

□非常によい成績をあげていた部下が最近スランプに落ちこんでいる
□部下に仕事の状況をきこうと質問しても、あまり話してくれない
□部下が目標を達成しない

先日、ある大手外資系コンサルティング会社で研修を行いました。コンサルタントは、コーチと違い、自身の経験と知識を生かして相手に最良の解決策を提案するのが仕事です。しかし、それには相手が抱えている問題がなになのかをしっかりと引きだす必要があります。そのためにコーチングを学ぶのが研修の主旨でした。

研修中、こんな質問が出ました。

「相手の問題を突きとめるために『なぜ』という言葉を最低十回は使おうと意識しています。ところがそれでもまだきけていないことがある気がするんです。質問のしかたが悪いんでしょうか?」

問題究明のために「なぜ」を使うことは日常よくあることです。なかなか売上の上がらない部下に「なぜ売上が伸びないんだ?」など、あなたが「なぜ」という言葉を使う状況を思い浮かべてみてください。相手からはどんな反応が返ってくることが多いでしょうか。逆に自分が「なぜ」ではじまる質問をされると、内側ではどんな反応が起きますか。

コーチングでは「なぜ」のかわりに極力「なに」を使うようにします。それは「なに」を使った質問のほうが、内側にあるものを引きだしやすいからです。「なぜ」といわれると、現実を客観的にとらえその理由をあげるというよりは、とりあえずそれ以上攻撃されないように防御壁を築きたくなります。

子どものころから「なぜ」ときかれるのはほとんどが「悪い」ことをしたときです。よいことをしたときには誰も「なぜ」とはいいません。だから「なぜ」という言葉をきくと、責められることを想定して防衛体勢に入るのです。だからこそコーチングでは「なぜ目標達成しなかったのですか?」ではなく「なにが具体的に目標達成の障害になったのですか?」ときます。すると相手は客観的に目標への障害をあげることが可能になるのです。

冒頭のコンサルタントは、その後、「なに」を使うことにより今までよりもずっと短い時間で多くの情報を引きだすことができるようになったと報告してくれました。皆さんも、「なぜ」といいたくなったとき、ぐっとこらえて「なに」を使ってみてください。

「なぜ」ではなく「なに」が相手を警戒させず答えやすくする

「なぜ」を使うとなぜか詰問調になる

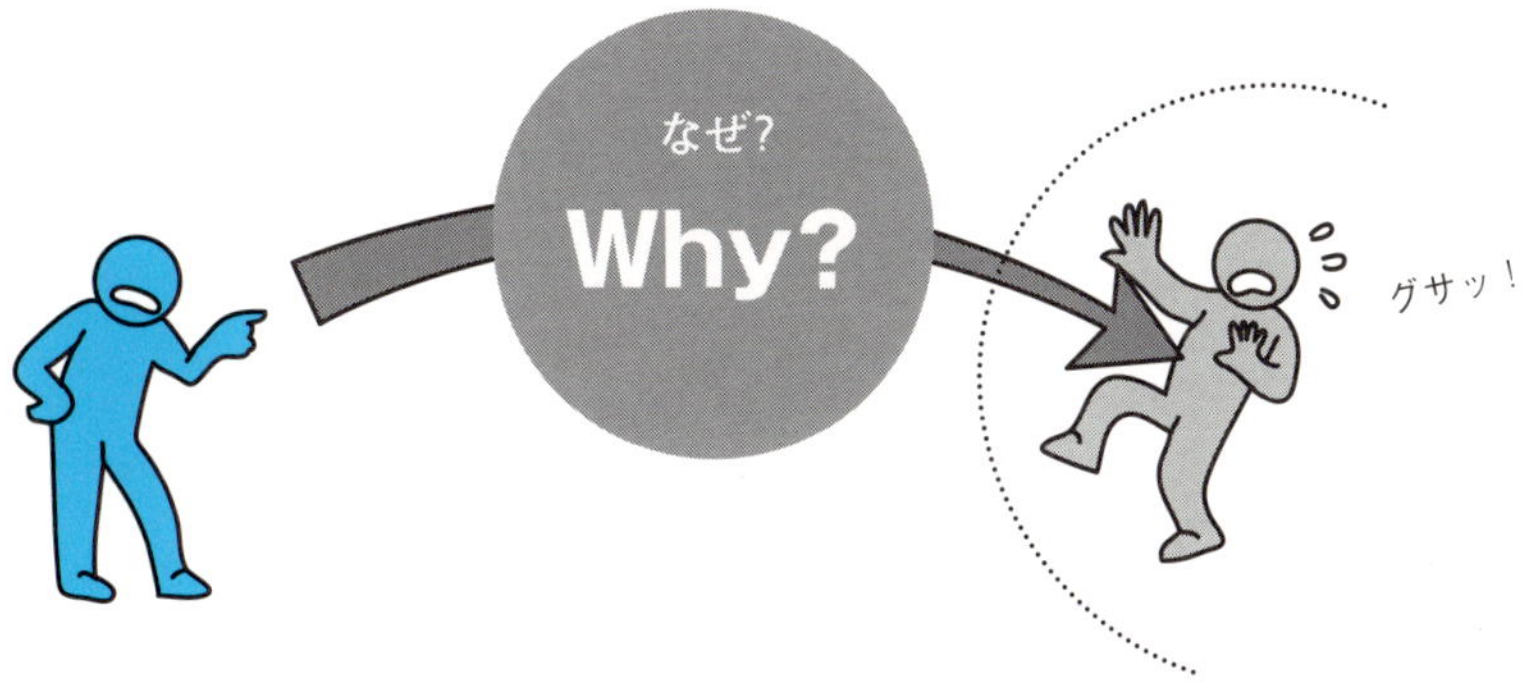

**「なぜ?」という言葉には相手の責任を追及する響きがあるため、
相手はその攻撃を避けようとしてしまう。**

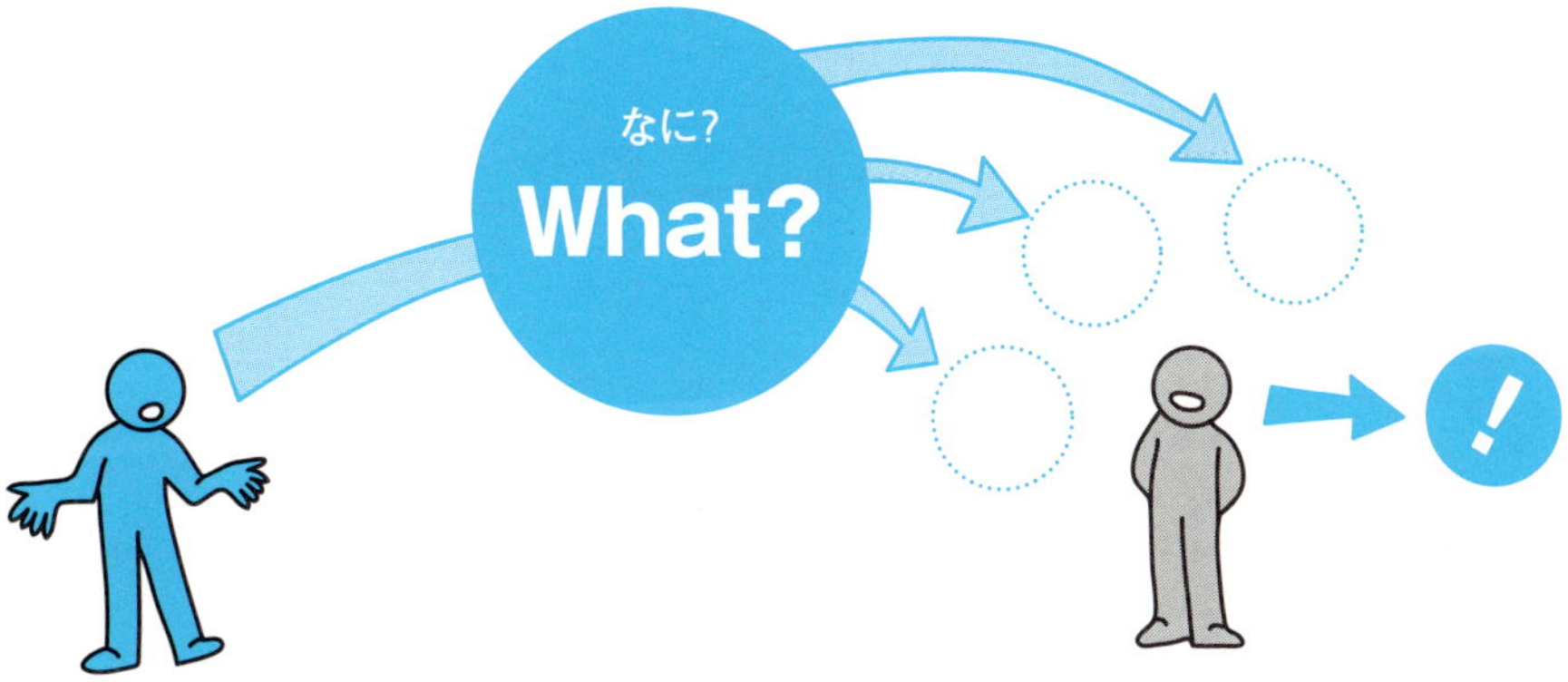

「なに?」を使えば、客観的に問題をとらえることが可能になる。

沈黙を活用する

難易度▼初　中　上

こんな場合にこのスキル

- □部下にたくさん話させたいのに自分が一方的に話してしまう
- □部下が目標を達成しない

突然訪れた沈黙に身が固くなって視線のやり場に困り、体に巻きつけられたロープを振りほどくように、とりあえずなにかを口にする。そんな経験はどなたでもお持ちでしょう。

そうではなく「今は自分はなにも口にすべきではない」「沈黙を相手に与えよう」。そう思ってその間を相手と共有したことはありますか。

私はこれまで三人のコーチを持ったことがあります。そのうちの二人は、沈黙ということについてはとても対照的でした。

一方のコーチは質問を投げかけたあと、こちらがちょっと考えていると、気を遣っていろんなことをいってくれます。「質問がわかりにくかった?」「あっ、具体的にいうとこういうことなんだけど」と、一秒でも間があいたらなにかいってきます。「もう少し考えさせてよ!」といいたくなることがしばしばありました。

もう一方のコーチはとにかく待つ人。こっちが考えていると、いつまでもなにもいわないでじーっとしている。三、四秒はいいのですが、そのうちこちらがなにもいわないのが気まずくなって、ついどうでもいいようなことをしゃべってしまう。最初のコーチよりはましでしたが、ベストではありませんでした。

この二人のコーチを受けたことで、かえってどうすれば「沈黙」を効果的にクライアント（コーチを受ける人）と共有することができるかが、自分の中で明確になりました。

それは、まず質問を投げる、次に相手が考える、そしてすぐに答が返ってこなかったら「好きなだけ時間を使ってゆっくり考えてください。それまで黙っていますから」とクライアントに伝えるのです。

自分がそういわれたところを想像してみてください。少し気楽に沈黙を使える気がしませんか。相手に一度このメッセージを伝えておくと、次に沈黙が訪れたときも、二人の間に沈黙はどう使われるべきかの合意がありますから、変な緊張が生まれずにすみます。

沈黙という、普通は偶発的に起きる「間」を、相手から引きだすためのかけがえのない時間に意図的に変えてみてください。

「ゆっくり考えて。黙っていますから」と伝えれば、沈黙は怖くない

沈黙の時間にどう対応するか

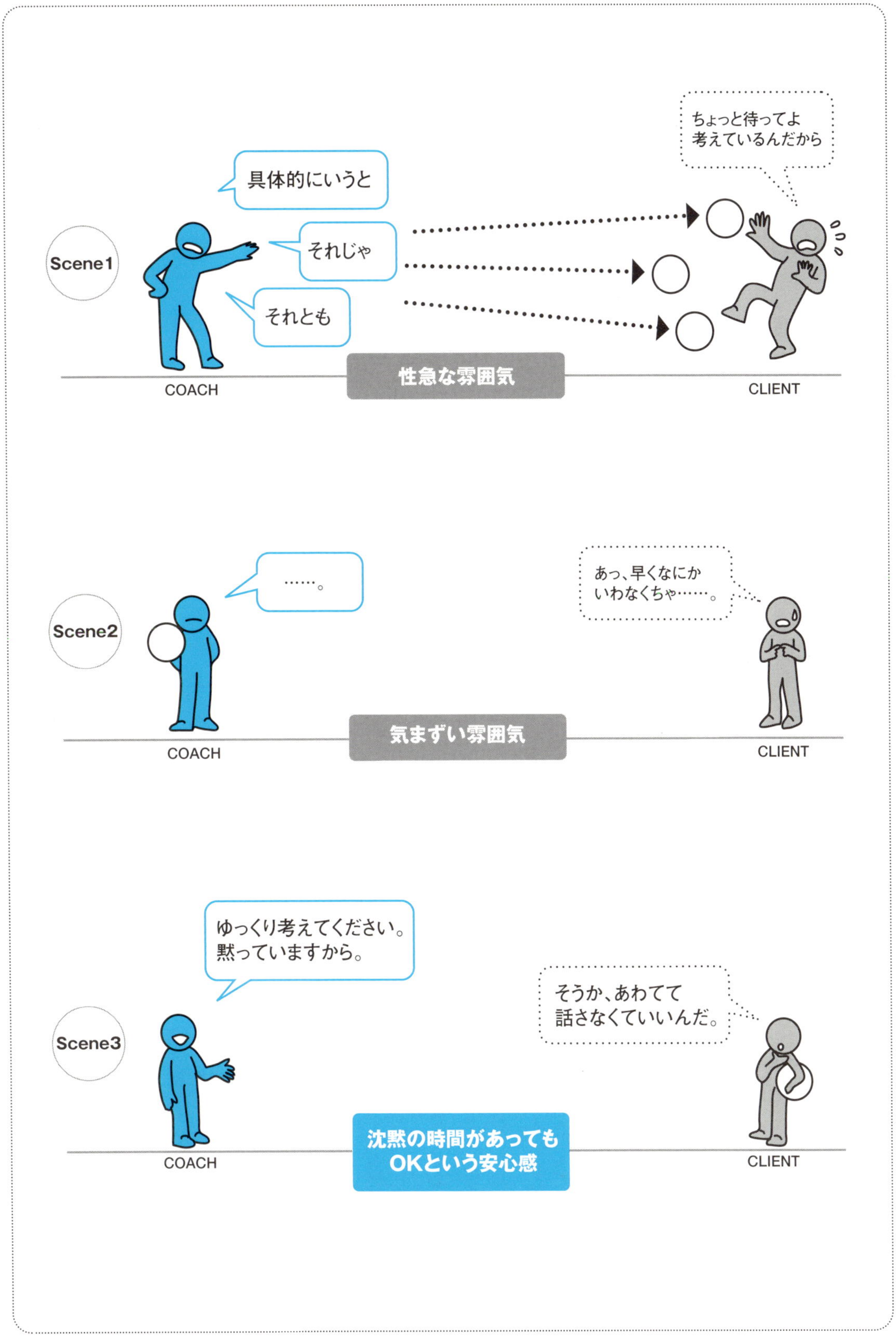

答は必ず相手の中にあると信じる

難易度▼初 中 上

こんな場合にこのスキル

- □非常によい成績をあげていた部下が最近スランプに落ちこんでいる
- □部下が目標を達成しない
- □部下に仕事を任せることができない
- □部下の中に答があるとはとうてい思えない
- □部下の提案やアイデアが引きだせない

「コーチ」は人の自発的な行動を促せる人、そして相手の中にすでにある答や能力を引きだすことのできる人です。

　私自身コーチングをしていて、最初は相手から引きだすというよりこちらから提案することが多かったと思います。コーチというよりはコンサルタント。気の利いた提案が浮かばないと、ちょっとした息苦しさを感じていました。頭では、自分は相手の自発性を促すんだと思っていましたから、クライアントが「これはどうしたらいいんでしょうか？」ときいてくると、まず「××さんはどんなことができると思う？」といいます。

　けれども、そう質問しながら、一方では相手が答えられないときのことを想定して、なるほどさすがコーチ！　と思ってくれるような提案をしようと焦ってしまうことがよくありました。

　もちろん、提案すること自体は悪いことではありませんし、コーチングにおいても、ときにはそうすることが必要なこともあります。

　しかし提案を考えながら、同時に相手の中の答を引きだすことはできません。いつのころからか、もう少し辛抱強く相手の答を待つようになりました。

　「で、あなたにはどんなことができますか？」という質問をしたあと、たとえ相手が「うーん」とうなっていてもじっと沈黙を守り「相手はきっと答える」と念仏のように頭の中で唱えます。そして不思議なことにこちらが待つというスタンスに立つと、相手から本当にクリエイティブな、これは使えるというようなアイデアがたくさん出てくるのです。

　言葉は乗り物であり、そこにどんな気持ちを乗せるかによって相手に与える影響はまったく変わってしまいます。引きだすセリフを使っても、そこに相手に対する信頼が乗っていなければなにも引きだすことはできないでしょう。

　今度、部下があなたに相談を持ちかけたら、たとえどんなに素晴らしい提案が浮かんだとしても、あえて相手にきいてみてください。

　「きみはどうしようと思うの？」

それに対する答は必ず相手の中にあるという超弩級の信頼を乗せて。

相手への信頼を持って質問し、答を待つ

コーチは言葉とともに信頼の気持ちを相手に伝える

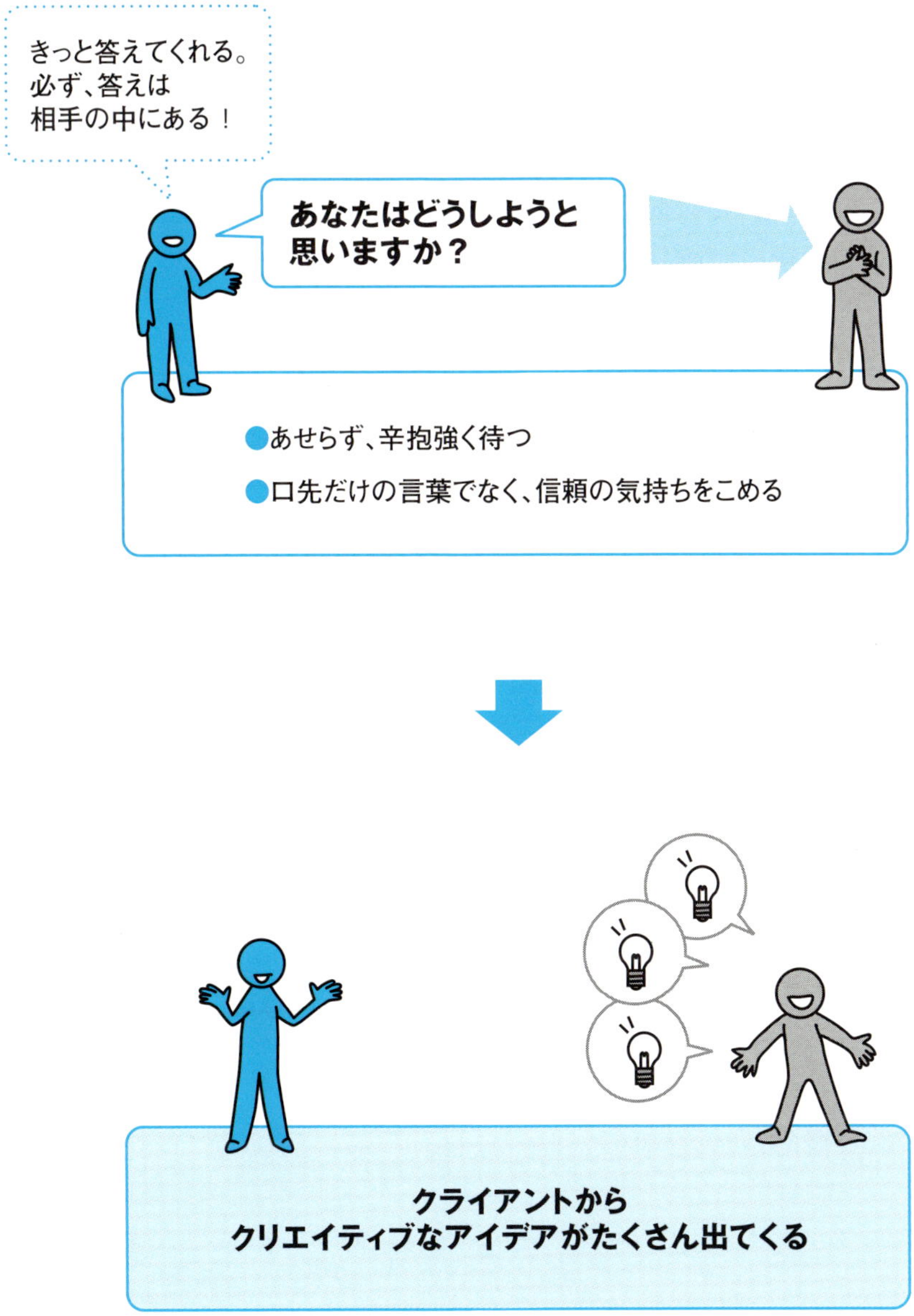
きっと答えてくれる。
必ず、答えは
相手の中にある！
あなたはどうしようと
思いますか？
●あせらず、辛抱強く待つ
●口先だけの言葉でなく、信頼の気持ちをこめる
クライアントから
クリエイティブなアイデアがたくさん出てくる

答を見つける旅にだす

難易度▼初 中 上

こんな場合にこのスキル

- □部下が目標を達成しない
- □部下の中に答があるとはとうてい思えない
- □部下のほうが知識を多く持っていてどう接したらよいのかわからない

大手コンピュータ会社の部長に向けてコーチングの研修をしていたときのこと。「マネージャーが部下の中にある答を引きだすことができると、とてもいい」という話をすると、ひとりの参加者が厳しい顔をして手をあげました。「答があればいいけど、答がなかったらどうするんですか」と、半分怒った顔をしています。

よくきくと、彼はさまざまな商品の開発に役立つ基礎技術の研究をする部署の部長で、その部署では、稀に現れる天才に、いかに研究しやすい環境を与えるかを第一の使命としているとのことでした。少なくともその分野に関しては、答は誰の中にもあるものではなく、ごく少数の天才の中にのみ存在するというのが彼の持論です。だから天才以外には問いかけることすら無駄だというのです。

彼のケースはちょっと極端だとしても、企業でマネージャーのかたにコーチングをお教えしていると、これは非常によくきかれる質問です。答を持っていない部下からどうやって引きだすのかと。

もちろん企業の場合は、コーチングよりもティーチング（教えること）のほうが効率的だったり、効果的だったりする場合もあります。仕事のリスクが高いのにそれを担当する部下の職務能力が低ければ、どちらかといえばコーチングよりもティーチングがコミュニケーションの中心になるでしょう。

答を教えるのではなく、自分で見つけさせる

しかし、答をだすのに多少時間的余裕があるのであれば、答は与えずに部下を「旅」にだしたほうがいい。「どうしたらいいかわからないんですよ」といわれたら「じゃあその答を見つけるためにどんな行動がとれる？」ときき返します。相手は本屋に向かうかもしれないし、そのことについてよく知っている同僚にきくかもしれないし、サイトを検索するかもしれない。いずれにしても与えられた情報よりも自分でとりに行った情報のほうが、実際に血となり肉となって使える知識として活用される確率が遥かに高いのです。

「天才とは努力する凡才のことである」というアインシュタインの言葉が正しいとすれば、凡才を旅にだすことで天才という頂きに一歩近づけることができるかもしれません。

旅にでて苦労して得たものほど身につく

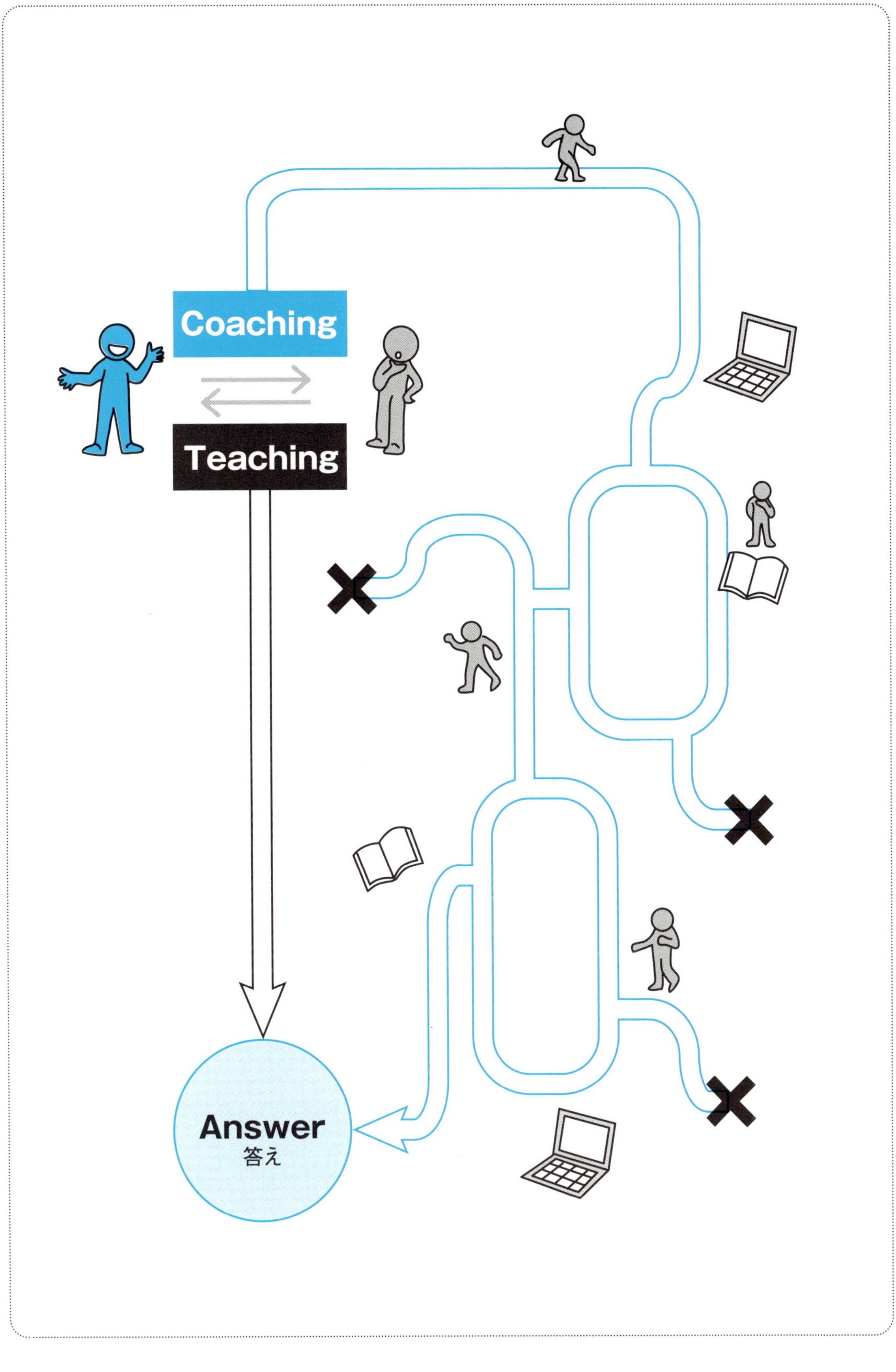

不満を提案に変えさせる

難易度▼初 中 上

こんな場合にこのスキル

- □部下が目標を達成しない
- □部下がいつも不平や不満ばかりいってくる
- □自分のグループの雰囲気が悪い

人を指導育成する立場にあると、なんといっても怖いのが自分に向けられた「不満」です。

だから会社の上司も学校の先生も、それがなるべくでないように、恐い顔をしたりやさしい顔をしたり、いろいろなことをするわけです。日本の大学教授に至ってはあまりにプライドが高く、いまだに学生に期末の評価表を書かせることすら拒んでいます。そのくらい「不満」には接したくない。自分の「正しさ」を壊されたくないのです。

コーチングでは「不満を提案に変える」が鉄則です。

不満とは、基本的に「あなたには私をハッピーにする義務がある（のに、それを果たしてくれない）」という被害者的なスタンスからのメッセージです。それを「私が力を使わなければ私はハッピーになれない」という自己責任を明確にしたメッセージに変えます。

たとえば、

部下「課長、あんな非生産的な朝礼は続けても無駄じゃないかと思うんです」

上司「そうか、どんなところが非生産的だと思うんだ」

部下「全員が一日の予定を話しても誰も関心持ってきいていないし、週間報告が月曜日にあるんですから、それでいいと思うんですよ」

上司「なるほど。みんなが毎朝顔を合わせることには意味があると思うから、朝礼自体は継続するが、どうすれば生産的なものになると思う？　アイデアをきかせてくれないか」

部下「そうですねえ……たとえばその日はどんな心がけで仕事に臨むか、全員に宣言させるのはどうですか。そしてそれをボードに全部書いておくんです」

上司「いいねえ、ぜひそれをやろう。今度の朝礼で君からみんなに提案してくれないか。もちろん私も同意していることを伝えるから」

部下「わかりました。よろしくお願いします」

いつでも不満を提案に変えることができるなら、もう不満におびえる必要はありません。

質問によって、相手の不満を提案に変えていく

「不満」から「提案」への変換プロセス

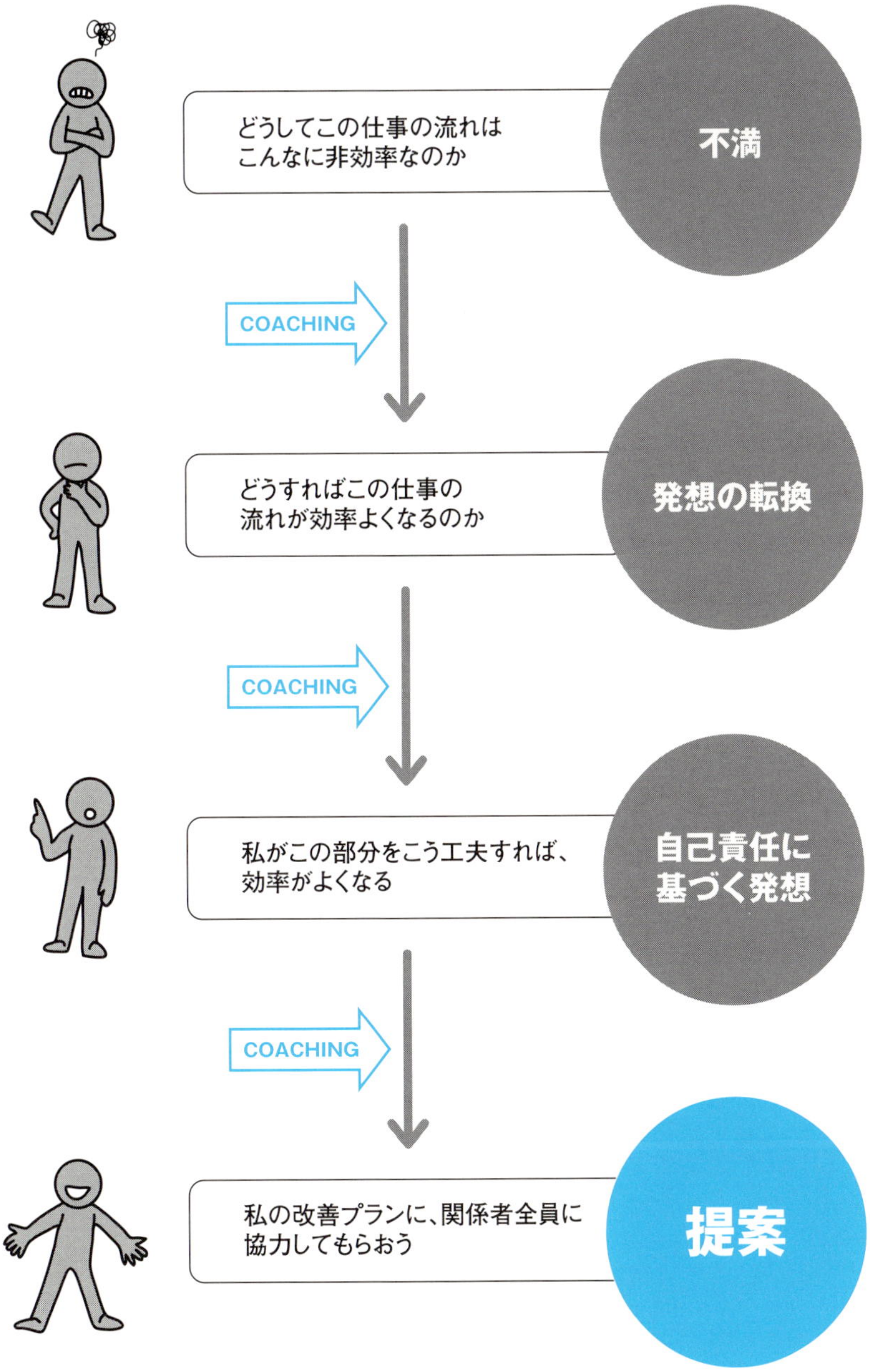

不満を感じている相手はたいていの場合、
その問題に対する答えを持っているはず。
そうであれば、コーチは相手が主体となる形で
答えを引きだせばいい

難易度▼初　中　上

相手に関する質問をたくさんつくる

こんな場合にこのスキル

□部下が目標を達成しない
□部下が後輩とうまくいっていない

先日ある経営コンサルタントと話していたら彼がこんなことをいいました。「社長ってどうしてああいつも、自分が正しいというところから動かないんでしょうね」

彼がいうには、ある顧客の社長がとにかくワンマンで、いつも命令口調で社員に話をする。結果が悪ければ怒鳴り散らす。社員は萎縮するばかりで会社の売上は一向に伸びない。それどころか離職者が毎月出て、会社はほとんど瀕死状態。

彼が社長に「もう少し社員の気持ちも汲んで指示をだせないとだめですよ」というと、社長がいったそうです。「あいつらの努力が足りないんですよ」と。

当たり前のことですが、人はほとんどの場合「自分の側」から状況を見ています。この社長さんが例外なのではなくて、相手の立場に立ってものを見るというのは本当にむずかしい。「向こう側」に回って状況を観察すれば、きっと違う行動の選択が可能になるだろうと思います。だからこのコンサルタントのように、つい「もっと相手の気持ちを考えて」といってしまう。しかし、実際には人の視点はなかなか動かせません。「なぜ俺がそんなことといわれなきゃいけないんだ」と反発を買ってしまうのがおちです。

では、どうしたら人の視点を「向こう側」に移せるかというと、それにはひたすらその相手についての質問をすることです。そうした質問に答えていくことで、人ははじめて相手の目を通して世界を見ることが可能になります。

「売上を上げろ！　って怒鳴られたあと、その営業マンはどんなことを考えながら見こみ客のところへ向かうと思いますか？」「彼は家で子どもと遊んでいるときはどんな表情をするんでしょうね」「彼が子どものころの夢ってなんだったと思います？」

こんな質問に対する答を探そうとする過程で、人は相手に対する自分自身の行動を客観的にとらえはじめ、新たな行動の糸口をつかみます。

もし、今あなた自身が誰かとの関係で煮詰まっていたら、その人に関するたくさんの質問をつくって自分に問いかけてみてください。「ふうっ」と肩の力が抜けるまで。

相手の立場に立って考えるには、相手に関する質問を自分自身にしてみる

部下の立場になって質問に答えてみよう

1 上司（自分）に叱責されたとき、どんな気持ちになっているか？

2 朝、どんな気分で出社しているか？

3 会社に対してなにを期待しているか？

4 日頃、家族にはどう接しているか？

5 自分の仕事ぶりに満足しているか？

6 客先に向かうとき、どんなことを考えているか？

7 どんな性格だと思っているか？

8 子どものころ、得意だったことはなにか？

9 職場での人間関係に満足しているか？

10 職場での待遇に満足しているか？

11 プライベートな心配事はないか？

12 モチベーションを高めるためになにをしているか？

13 ライバルは誰か？

14 今、一番自信のあることはなにか？

15 人生で一番の楽しみはなにか？

16 一番大切にしているものはなにか？

「究極の質問」で変化を起こす

難易度▼ 初 中 **上**

こんな場合にこのスキル

□部下が目標を達成しない

□部下の提案やアイデアが引きだせない

「火事場の馬鹿力」といいます。

ご存知のように、人間追いこまれるととんでもない力が出るということのたとえです。

原稿を書いていてもそうです。締切まで一週間あるなどというときはなかなかいい考えが思い浮かばないのに、どうしてもあと一時間で仕上げなければ連載を一度お休みにせざるを得ないという状況に追いこまれると、いきなり「電球」がついたりします。皆さんにもそんな経験はないでしょうか。

この「ぎりぎり」の状態をイメージの中に意図的につくりだし、答を引きだそうとするのが究極の質問です。

友だち同士でよく冗談に「もし命があと二十四時間しかないとしたらなにをする？」ときいたりする、あれです。

究極の質問の公式は基本的につぎのようになります。

「もしあと○時間（相手が「ぎりぎり」のところに追いこまれると感じる時間の長さであればなんでも）でその問題を解決しなければ（目標を達成しなければ）あなたにとって大切なことが失われるとしたら、どんな行動をとりますか？」

たとえば、営業成績が伸び悩んで煮詰まっている同僚に「もしきみがこの一日で一件とってこないと給料が半額になるとしたら、まずなにをする？」

究極の質問を受けると、たとえそれに対してその瞬間現実的な解答が思い浮かばないとしても、なんとなく視野が広がる感じがあるものです。

まずは自分に試してみてください。

今の自分に対して与えられる究極の質問はどんなことですか。ひとつだけでなく、たくさん質問をつくってみてください。それらへの答を真剣に探そうとすると、どんな変化が自分の中に起きますか。

もちろん実際に行動に移せるアイデアが浮かんだら、すぐ実行です。そして究極の質問作成のこつをつかんだら、次にぜひ、煮詰まっている周りの人にトライしてみてください。

究極の質問で相手を追いこみ、アイデアを引きだす

たとえばこんなギリギリの質問もある

時間にルーズな部下に対する究極の質問

会社の浮沈を左右する大切な契約を交わす場に向かう途中、
乗っていた電車が事故で止まってしまった。
１分でも遅刻したら理由を問わず契約は破棄され、あなたは解雇される。
そういう局面でどんな行動をとるか。

勉強をする気にならない受験生に対する究極の質問

６ヵ月後に行われる予定の入学試験が、ある事情によって
１ヵ月後に行われることになったとしたら、まず、なにをするか
（志望校の変更は許されないものとする）。

ダイエットに何度も挫折している主婦に対する究極の質問

現在70kgの体重を、１ヵ月以内に65kgまで落とさなければ
最愛の夫から離婚されるという場合、どのような行動をとるか
（ただし、リバウンドは許されない）。

「かたまり」にする

難易度▼初 中 上

こんな場合にこのスキル

□部下が目標を達成しない
□部下の目標設定をうまくすることができない
□部下が自分でやると宣言したことを継続してやらない

〈望んでいる状態（目標）＝現在の状態＋行動〉

これがコーチングをするときの基本公式です。まず望んでいる状態をきく。最初は漠然とした答が返ってくるでしょうから、前に紹介したチャンク・ダウンというスキルによって、より具体的にしていきます。具体的になればなるほど、すなわち望んでいる状態が細部にまでわたってはっきりすればするほど、未来は魅力的になります。

次に現在の状態をきく。やはりここでもチャンク・ダウンによって、より具体的に現在なにが起きているのかをとらえていきます。

そして最後にまたチャンク・ダウンによって行動を引きだします。いつ、どこで、だれと、なにを、どのようにするのか、その行動が明確にイメージできるまで詳細にきいていきます。このように三つのパートにおいて「かたまりをほぐす」という技が威力を発揮します。

これに「かたまりにする」という技が加わると、さらにコーチングは強力になります。

「かたまりにする」ことを、チャンク・ダウンに対してチャンク・アップと呼びます。チャンク・アップはチャンク・ダウンと反対で、いくつかの小さなものを大きなかたまりにまとめあげること。具体的なものの集まりから抽象的な概念を抽出することをいいます。

チャンク・アップは二つのパートで主に使います。ひとつは「望んでいる状態」で、もうひとつは「行動」です。望んでいる状態が具体的になったあと、それをもう一度短い言葉にまとめあげるために相手に問いかけます。

「一言にまとめると、どういう状態を達成したいということなんだろう？」

とるべき行動がいくつか詳細に決まったら、やはり問いかけます。

「やることが三つ決まったけど、その三つを確実に実行に移すために、いつも持ち歩ける、支えになるような言葉はないかな？」

相手が自分の言葉でかたまりをつくるのをサポートしてあげてみてください。ずっと先まで相手が「行動」を継続し、「望んでいる状態」を心の中に持ち続けられるように。

具体的な行動まで決まったら、今度は抽象的な言葉にまとめる

チャンク・ダウンだけでなくチャンク・アップもしてみる

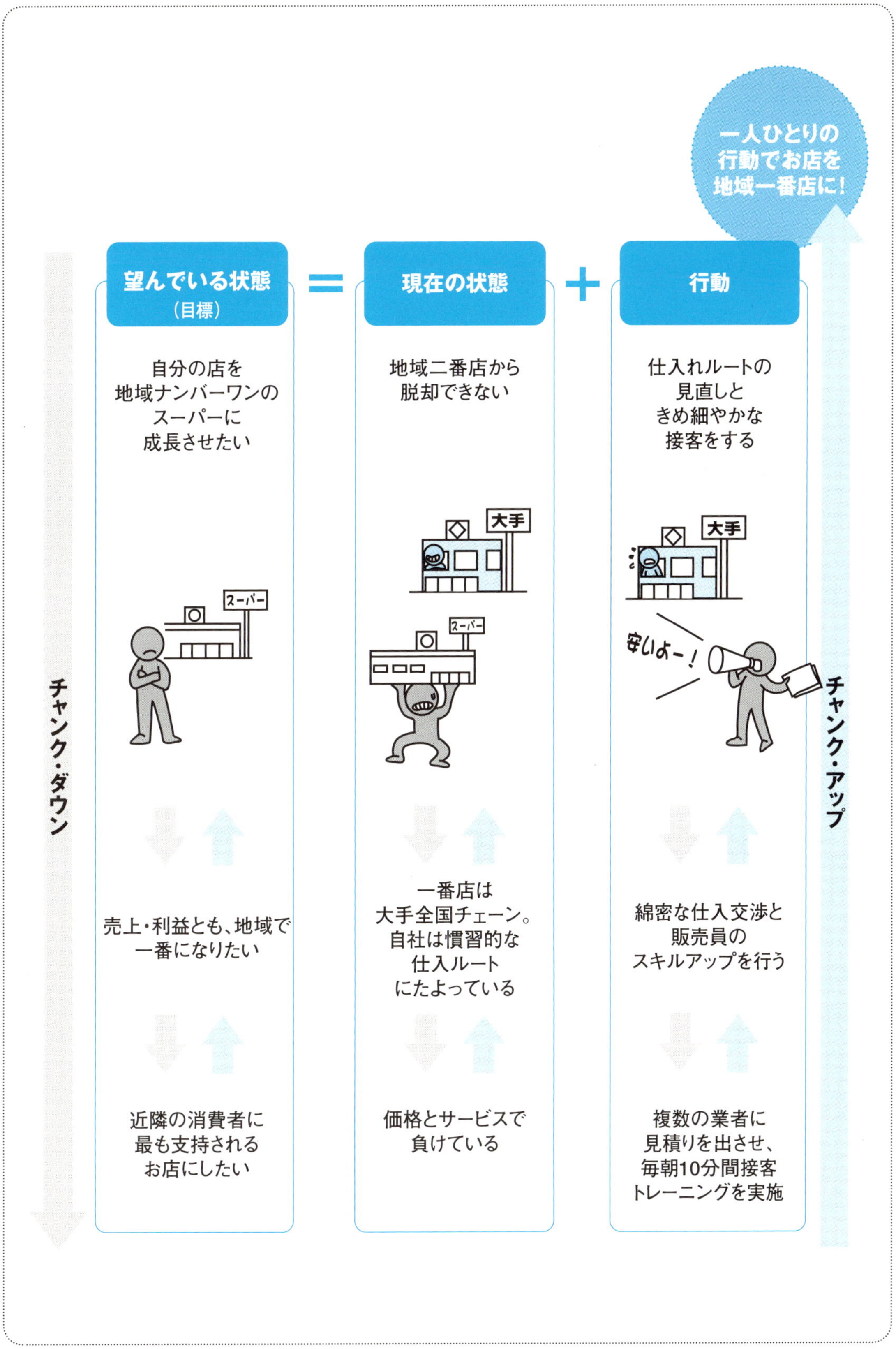

一人ひとりの行動でお店を地域一番店に!
望んでいる状態（目標）
=
現在の状態
+
行動
自分の店を地域ナンバーワンのスーパーに成長させたい
地域二番店から脱却できない
仕入れルートの見直しときめ細やかな接客をする
スーパー
大手
スーパー
大手
安いよー!
売上・利益とも、地域で一番になりたい
一番店は大手全国チェーン。自社は慣習的な仕入ルートにたよっている
綿密な仕入交渉と販売員のスキルアップを行う
近隣の消費者に最も支持されるお店にしたい
価格とサービスで負けている
複数の業者に見積りを出させ、毎朝10分間接客トレーニングを実施
チャンク・ダウン
チャンク・アップ

SKILL 12

オウム返しをする

難易度▼初 中 上

こんな場合にこのスキル

- □部下が目標を達成しない
- □自分のグループの雰囲気が悪い

同僚のSさんの話です。六歳になる娘さんが風邪をこじらせてしまい、入院しなければならなくなりました。生まれてはじめて体験するひとりきりの夜です。

彼女はいやがりました。「入院したくないよ」「お家に帰りたいよ」と、泣きわめく彼女にSさんは一生懸命説得を試みました。「一晩だけだから」「恐くないよ」と、最初はやさしく、しかしそのうち彼女がいつまでも泣きやまないので「いうことをききなさい」「一日で帰れるんだから、我慢しなさい」とつい声を荒げてしまったそうです。

彼女は説得されるどころか一層激しく泣いてしまいました。

どうしたものかと途方に暮れはじめたとき、Sさんはふっと思い立って彼女の言葉をただ同じように繰り返しはじめました。

「入院するのやだよ」「やだよね」、「お家帰りたいよ」「帰りたいよね」二分くらい繰り返していたそうです。すると彼女がぽつっといいました。「お父さん、入院する」

コーチングの基本的な哲学は、「安心感で人を動かす」というものです。アメやムチで相手を動機づけるのではなく、安心感をお互いの関係の中につくりだし、それを相手が行動を起こすための土壌とします。

相手に安心感を与える非常に強力な方法が、この「同じ言葉を繰り返す」です。語尾だけを繰り返してもよいし、あるいは「そうだよね」などの文で置き換えても構いません。「同じ言葉を繰り返す」ことは相手の意見に賛成するということではありません。相手が今そういう状態にあることを認めるということです。だから逆に同じ言葉が繰り返されないのが長く続くと、人は今ここでの自分のありかたに対して漠然とした不安を持つようになります。「このままでいいのだろうか」と。そのようにはっきりと言葉にならないまでも、妙にいらついたり、怒りっぽくなったりします。

だまされたと思って同じ言葉を繰り返してみてください。部下が「最近ちょっと疲れ気味なんです」といったら「疲れてるんだな」と。

そのあとでも遅くないはずです。「もうちょっとがんばってくれよ」というのは。

相手の言葉を繰り返すことで安心感を与え、行動を起こさせる

説得しようとせず、まず安心感を与える

じょうずなあいづちを打つ

難易度▼初 中 上

こんな場合にこのスキル

- 部下が目標を達成しない
- 部下にたくさん話させたいのに自分が一方的に話してしまう
- 部下に仕事の状況をきこうと質問しても、あまり話してくれない
- 部下の提案やアイデアが引きだせない

ある雑誌のインタビューに電話で答えていたときのことです。その女性の記者は鋭い質問を畳みかけるように浴びせてきました。質問だけをとりだせば、とてもクリエイティブな問いかけで、答えるのがワクワクするようなものばかりでした。

ところが彼女はとにかくあいづちが下手。こっちがいったことに対して「はあ」とか「ふ〜ん」とか返してくる。トーンも「ぜひあなたの話をききたい！」というよりは「まあとりあえず話してよ」という感じ。間のとりかたも早すぎたり遅すぎたりと最悪。こっちは「あっ、面白い質問だな」と思って意気揚々と答えはじめるわけですが、「はあ」ひとつで急に気持ちが萎えてしまう。思わず電話を切りたくなってしまったくらいです。

これではせっかくの質問も台無しです。彼女には電話インタビューの前に会ったことがあり、決して「いやな奴」ではありません。でもあいづちはまさに「いやな奴」のそれであり、それがすべて「無意識」に出てしまっているわけです。本人は自分のあいづちが相手を話しにくくしているなんて夢にも思っていないでしょう。

皆さんはふだんどのくらい意識してあいづちを打っていますか。あいづちを打つときの声のトーン、声の大きさ、顔の表情、タイミング、言葉それ自体の選択（うんうん、はいはい、へ〜等々）。

あいづちひとつで、人はたくさん話してみようとも思えば、話す気をなくしてしまうこともあります。

先の記者とは反対に、絶妙なあいづちを打つことで得をしているのが友人のAさんです。彼女と話していると、ずっと話をしていてもいいんだという気にさせられます。トーン、大きさ、間、どれをとっても本当に絶妙です。彼女と話していると、人の話を引きだすのにはあいづちさえあればいいんじゃないかと思えるくらいです。

あいづちはほとんど無意識のうちに打っています。だから自分がどんなあいづちを打っているか、客観的な情報に触れてみてください。テープにとるもよし、人に「私のあいづちって人を話す気にさせてる？」ときくのもよし。ちょっとした驚きがあるはずです。

声のトーンや大きさ、タイミング、顔の表情を意識してあいづちを打つ

あなたはどちらの人と話したいですか？

Good!
それは愉快ですね
あらあら…
やりますねぇ
驚いちゃいますねぇ
そんな具合なんですか
すばらしい!
つらいですねぇ
それは大変!
へぇー!そうですか
なるほど!
それは面白いですね
ほー!すごい
うん、うん、それで?
そんなことあるんですか!?
わかりますわかります
はじめてききましたよ
えっ!?そうなんですか?
NG!
はぁ…
そうですか…
……

同じ「はい」とか「はあ」というあいづちでも、声のトーンや顔の表情、タイミングによって、効果は正反対になることがある

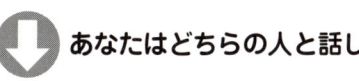

自分の気持ちを話す

難易度▼ 初 中 上

こんな場合にこのスキル

- □部下に仕事の状況をきこうと質問しても、あまり話してくれない
- □部下が目標を達成しない
- □新しい部下と一日も早くよい関係を築きたい
- □部下とのコミュニケーションがどうもしっくりいかない

『議論に絶対負けない法』（三笠書房）という本を書いたゲーリー・スペンスというアメリカの弁護士がいます。彼はこれまで四十年もの間、何百という依頼人の弁護に立ち、一度も負けたことがありません。あの裁判王国アメリカで！

しかし彼は決して自分は雄弁ではないといいます。陪審員の前に立って「連戦連勝を続けるこの弁護士は、いったいどんな話をするのだろう」と好奇の眼にさらされたときに、毎回毎回逃げだしたくなるようなその不安な気持ちを正直に彼らに伝えるだけだといっています。そうすることで自分は信頼を獲得するのだと。

人を育成しようと思ったら相手から信頼される必要があります。そのとき、とても大事なキーになるのが、相手に自分の気持ちを伝えていくということです。上司は自分の気持ちをどんどん部下に伝えたほうがいい。「弱みを見せるようなことはできない！」と思うかもしれませんが、人が人に対して防衛を解くのは、なによりも相手の気持ちに触れたときだからです。

先日ある外資系コンサルティング会社のコンサルタントのかたがたにコーチングを教えていました。その中で同じ人（Aさん）の同じ目標に対して二人（SさんとTさん）が続けてコーチングをするという場面がありました。質問の切れ味からするとSさんもTさんも大差はないのですが、なぜかAさんはずっとたくさんのことをTさんの質問に対して答えました。

TさんがSさんと著しく違ったのは、Tさんは相手がなにかいうたびに、それに対する自分の気持ちを挟みこんでいたということです。「いいですねえ、僕まで嬉しくなりますよ」「そんなことあるんですか、驚いちゃうな」

Aさんがいいました。「Tさんって、引きだすのがうまいですね」。受けた質問自体はなんら差がないのに。

人の話をきくときに、自分の内側に意識を向けてみてください。そこになんらかの「反応」を見つけたら、ぜひそれを言葉にして相手に伝えてみてください。予想以上に相手は乗って話をしてくれるでしょう。

相手の言葉をきいて感じたことを相手に伝えてみる

正直な自分の気持ちを伝えれば信頼が得られる

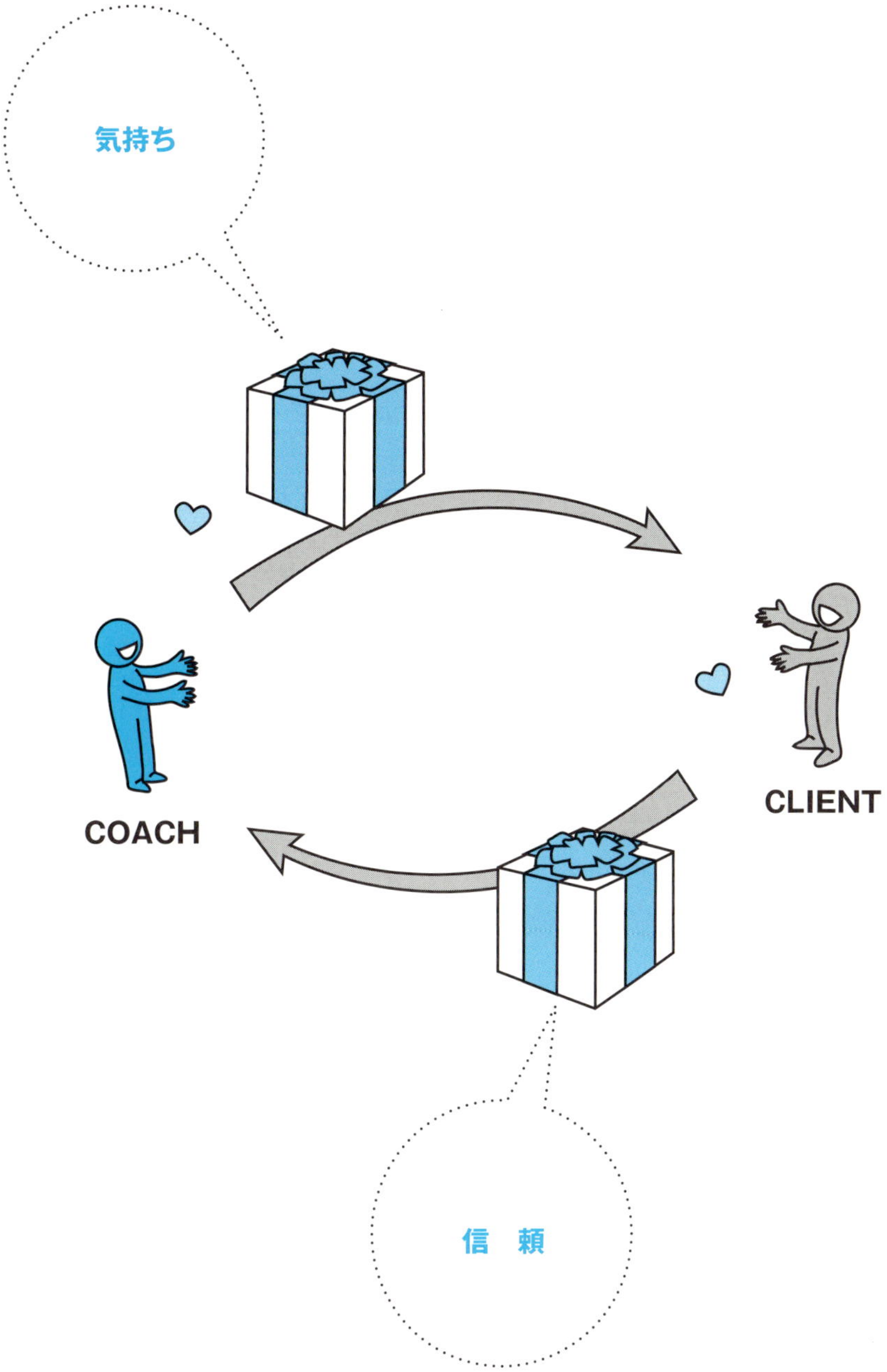

SKILL 15

相手のタイプをみきわめる

難易度▼初 中 上

こんな場合にこのスキル

- □どうしてもそりの合わない部下がいる
- □部下が目標を達成しない
- □若い人とうまく接点を持つことができない
- □部下が後輩とうまくいっていない
- □新しい部下と一日も早くよい関係を築きたい
- □自分と違うタイプの部下をどう育てたらよいかわからない
- □部下とのコミュニケーションがどうもしっくりいかない

学校時代や現在の職場で、あなたにとっての苦手な人は、どんな人ですか？　時間や場所を超えて、そのタイプには一貫性がありますか？　あるとすれば、なにを苦手と感じていたのでしょうか？

人は自発性に基づいて行動するとき、楽しさを体験します。それがなにであれ、自分で「よし、やろう」と思ったことをやっているときが、いちばん生き生きしているのです。

ところが、あなたが苦手と感じる人は、往々にしてあなたが自発的に行動を選択するのを妨害する人です。

たとえばあなたが、じっくり物事を観察し、それに関するデータを集め、小さな達成をこつこつ積み上げていくことの中に楽しさを見いだすようなタイプの人であれば、「まあ細かいことは気にしないで、とにかくやってみようよ」と性急な行動を促す上司は、あなたに非常に大きな負荷を与えるかもしれません。逆にあなたが、詳細なプランを立てる前にまず実行してその真価を確かめようとするようなタイプだとすれば、事前のデータ収集と分析の強要は、あなたの行動から生彩を奪うかもしれません。

苦手なタイプの人があなたに強い影響を及ぼしうるポジションにいるほど、大きなストレスが発生します。

しかし考えてみると、その人があなたにとって苦手なタイプの人であったように、ある人にとってはあなたが、まさに苦手なタイプの人である可能性があります。

知らず知らずのうちに、自分の部下の自発的な行動を阻んでいることはないでしょうか？　自分のオリジナルなアイデアをとにかく大事にするタイプの人に対して、頭ごなしにそのアイデアを否定したり、あるいは人をサポートする立場で最もその能力を発揮するタイプの人に対して、全体を統率するように強く求めてしまったり。

もしあなたが今、誰かとの関係に煮詰まりを感じているとしたら、その人はどんなタイプで、どう関われば新たなインターフェイス（接点）を持ち、自発的な行動を促すことができるでしょうか。一度じっくり考えてみる価値はあると思います。

相手のタイプに応じて、自発的な行動を促すように関わる

自発的な行動を促すためには

Let's start !
さあ始めよう！
全部まかせてくれるなら
やりましょう!
いいですね！
何だかよくわからないけど
とにかくやってみましょう
なぜ？ いつから？
どういう理由で？
いつまでに？……
はい、わかりました

同じ言い方をしても相手のタイプによって反応は異なるはず。
ならば、相手に応じてアプローチのしかたを変えてみよう

「四つのタイプ」を知る

難易度▼ 初 中 上

こんな場合にこのスキル

- どうしてもそりの合わない部下がいる
- 部下が目標を達成しない
- 若い人とうまく接点を持つことができない
- 部下が後輩とうまくいっていない
- 新しい部下と一日も早くよい関係を築きたい
- 自分と違うタイプの部下をどう育てたらよいかわからない
- 部下とのコミュニケーションがどうもしっくりいかない

コーチングでは、主として対人関係上の特徴を切り口に、人をコントローラー、プロモーター、アナライザー、サポーターの四つのタイプに分けています。

1　コントローラー・タイプ

行動的で、自分が思った通りに物事を進めることを好む。他人から指図されるのをなによりも嫌う。物いいは単刀直入、時に他人から攻撃的であるといわれることもある。このタイプの人に対しては、こちら側でコントロールしないようにすることが大切。話をするときは結論から、そして相手の攻撃性に惑わされないようにする必要がある。

2　プロモーター・タイプ

自分のオリジナルなアイデアを大切にし、人といっしょに活気のあることをするのを好む。自分ではよく話すが、人の話はあまりきかない。自分のアイデアに対して非常に自信を持っているため、それを却下するような否定的なアプローチをしないことが重要。独創性を発揮できる自由な環境を与えることが、能力を引きだすことにつながる。

3　アナライザー・タイプ

行動に際して多くの情報を集め、分析し、計画を立てる。物事を客観的にとらえるのが得意で、小さな達成をこつこつと積み上げていく。大きな変化を要求せず、彼らの変化のペースに歩調を合わせることが大切。人と関わるときも彼らは慎重で、あまり感情を外側に表さない。むりやり気持ちをいうように仕向けるのは逆効果。

4　サポーター・タイプ

他人を援助するのを好み、協力関係を大事にする。周りの人の気持ちの変化に敏感で、気配り上手。自分がしたことを認められたいという欲求が強いので、十分な評価を与える必要がある。一方で彼らは周囲の期待に応えようとするあまり、自分本来の願望を見失うことがある。なにを望んでいるのかきくと、信頼関係が深まる。

タイプ分けは「あの人はこのタイプだからこう関わればいい」といった、マニュアル化のためのものではありません。自分のタイプをまず知り、いろいろなタイプの人とどう関わればお互いのいい部分を最大限に活用できるかを考えてみましょう。

自分と相手のタイプを知り、お互いのいい部分を活用する

相手のタイプに応じた対応をしよう

1 コントローラー・タイプ

こちらからコントロールしない

2 プロモーター・タイプ

自由な環境を与える

3 アナライザー・タイプ

ペースを合わせる

4 サポーター・タイプ

十分に評価を与える

SKILL 17

相手の強みを活かす

難易度▼ 初 中 上

こんな場合にこのスキル

□部下が目標を達成しない
□自分と違うタイプの部下をどう育てたらよいかわからない

スポーツの世界で「名選手名コーチにあらず」とよくいいます。名選手が名コーチになりにくいひとつの理由は、どうしても自分のやりかたを後発の選手たちが受け継ぐことを求めがちになってしまうところにあります。現役時代あまりよい成績を残せなかったコーチのほうが、自分のやりかたにこだわりを持たない分だけ、選手個々に合わせた育成方法を考えだしたりします。ビジネスの世界でも、上司は自分がかつて成功を遂げたやりかたを部下に強要しがちです。

先日、ある外資系の生命保険会社の営業所長をコーチングしていたときのことです。なかなか売上の伸びないYさんにどう関わっていったらよいかがそのときのテーマでした。

所長いわく「やっぱりね、最終的にはどれだけ自分の熱い想いをお客さんに伝えられるかだと思うんですよ。あいつはどうもそこのところが弱いんですね。自分自身の壁を崩せないんですよ」

「熱く」保険を売るのは所長のやりかたです。それが必ずしもYさんが目指すべき営業マンのありかたであるとは限りません。タイプでいうと所長はプロモーター、Yさんはどうやらアナライザーのようでした。

アナライザーは分析力に優れ、論理的に話を進めていくのは得意ですが、感情を表現したり「ノリ」で相手を巻きこんでいくようなことはあまり得意ではありません。そのアナライザーに「保険は想いで売るものだ！」と一喝するのは、英国紳士にイタリア人のように生きろというようなものです。なかなかむずかしい。Yさんはアナライザーとしての自分の強みを生かした営業を志すべきでしょう。

「タイプ分け」は部下の強みを知り、どのポイントを中心に彼らを伸ばしてあげればいいかを理解する切り口を与えてくれます。前項をもう一度読んで、英国紳士にイタリア人になれと口を酸っぱくしていっていないかどうか確認してみてください。そして、英国紳士は英国紳士らしく、イタリア人はイタリア人らしく振舞って業績をあげるためには、どのようにコーチングしたらいいのかを考えてみてください。

自分のやりかたを相手に強要せず、相手のタイプによる強みを見つける

自分と同じように育てる必要はない

お互い、相手のように生きるのはムリ

たとえば英国紳士

たとえば一部のイタリア人

**その人のタイプと個性を活かして
伸ばすことが大切**

SKILL 18

自分にとってどんなによかったかをほめ言葉にする

難易度▼ 初 中 上

こんな場合にこのスキル

□部下が目標を達成しない
□部下をどうほめたらいいかわからない

皆さんには、思い出に残るほめ言葉がありますか？　自分の両親や夫、妻、あるいは子どもからの言葉。先生や友人、上司からの言葉もあるでしょう。それはどういう言葉で、なぜその言葉は、他にもたくさん受けたはずのほめ言葉の中で傑出して頭に残っているのでしょうか？

コーチングでは、相手をほめたり承認したりすることをアクノリッジメントといいます。アクノリッジメントは、それをどういうスタンスに立って相手に伝えるかによって、大きく二つの種類に分かれます。

ひとつは「Ｙｏｕ」のスタンスで相手を承認するもの。「よくやった！」「やればできるじゃないか」「優秀だね」、つまり「あなたはこうだ」と相手に伝えることです。もちろん、こういった承認を受ければ決して嫌な気はしません。しかし一方でこのタイプの承認には、それ自体が評価ととらえられてしまう可能性があります。受け手があなたのことを尊敬していて、自分のことを評価するに値する人だと思っていれば話は別ですが、そうでない場合、このタイプの承認は受けとりにくいものになるかもしれません。このようなな承認を受けたとき、つい「そうでもないですけど」なんていう言葉が口をついたりしませんか？　その言葉はどのくらいストレートに自分の中に入ってくるでしょうか？

二つめのタイプは、相手が自分に対してどういう影響を与えたのかを言葉にするものです。つまり「Ｙｏｕ」ではなく「Ｉ」の立場。「きみががんばっているのを見ていると僕もやる気が高まるよ」「今日のきみのプレゼンは安心して見ていられたよ」。このタイプの承認は相手の中にストンと落ちます。こちらはそう思っているのですから、それは否定のしようがないわけです。そして、いわれると、とても嬉しいものなのです。皆さんの歴史に残るほめ言葉も、多くはこのタイプではないでしょうか？「信頼してるよ」「任せたよ」などもこのタイプです。

「Ｙｏｕ」の立場で誰かを承認しようと思ったら、ちょっと立ち止まってそれを「Ｉ」の立場の承認に変えてみてください。相手の反応は、驚くほど違うと思います。

評価ではなく、相手について自分がどう感じたかをほめ言葉にする

メジャー記録をつくったイチロー選手がもしこういわれたら……

よくやった!
さすが私の弟子だ。

かつてイチローのフォームを
否定した指導者

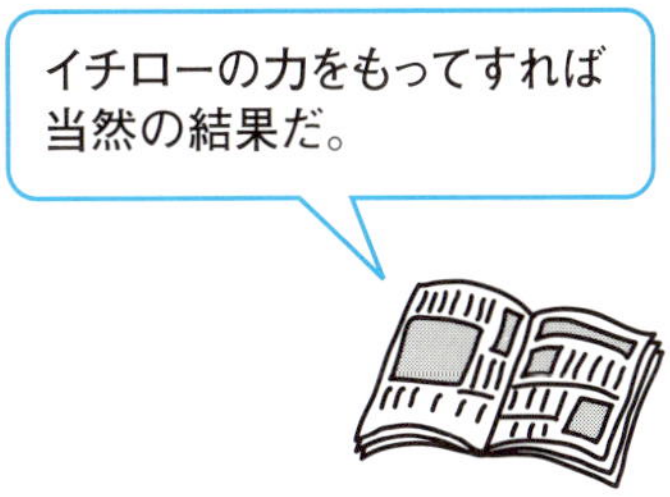
イチローの力をもってすれば
当然の結果だ。

日ごとに論調を変える
日本のスポーツ新聞

きっと彼ならできると
私は思っていた。おめでとう。

理解あるかつての恩師

チームにイチローがいることで
僕たちに勇気がわいてくる。

チームメート

イチロー選手のプレーを見て、
ぼくももっと練習して、いい
選手になりたいと思った。

少年野球の選手

実際の発言ではありませんが、どの言葉も「ほめ言葉」です。けれど、みな同じように受け取られるかというと、そうではないことがおわかりになりますね。

リクエストをきく

難易度▼初 中 上

こんな場合にこのスキル

- 部下が目標を達成しない
- 部下のほうが知識を多く持っていてどう接したらよいのかわからない
- 部下を応援してあげたいがどう応援すればよいのかわからない

コーチ・トレーニング・プログラムに参加して間もないSさんと話していたときのことです。

Sさんがすでにクライアントを四人持っているというので「やっていてどうですか?」と感想をきくと、Sさんが少し緊張した顔でこう答えました。「責任ありますからね。成果を必ずあげてもらうようにがんばってます」

その生真面目すぎる物いいにちょっと心配になって「四人全員がそんなに早く成果をあげなくちゃいけないんですか?」と尋ねると、きょとんとした顔をしていいました。「えっ? 当然ですよ。コーチングですもの」

コーチングをはじめたばかりの新米コーチが犯してしまうミスのひとつが、すべてのクライアントに対して同じスタイルのコーチングを強要してしまうことです。Sさんの場合であれば、四人のクライアント全員に強く結果を求めるようなコーチングをしていることが容易に想像されます。

もちろんSさんがいうようにコーチングの大目的はクライアントの目標達成にあります。しかし、目標達成に向けてどのようなサポートを必要としているかはクライアントそれぞれ違うし、クライアントのそのときの状態によっても変わります。ただ励ましてほしいときもあれば、鋭く突っこんでほしいときもあるし、笑い話で盛り上がりたいときもあるでしょう。

経験を積めば、コーチの側でクライアントがなにを欲しているかだいたいは察知することができるようになりますが、それでも迷うときは多いものです。

だからクライアントのリクエストをきくことが大事になります。「今日はどんなコーチングをしたらいいでしょう?」と、思い切ってクライアントにきいてしまうのです。

職場でも、どんなサポートを相手が欲しているのか迷ったら、いっそきいてみるのがよいと思います。

少なくとも「あいつのためだ」とあなたの思いこみで相手を苦しくさせてしまうよりはずっと、「あいつ」のためになるでしょう。

迷っているよりは、相手がなにを欲しているかきいてみる

たまにはクライアントのリクエストをきいてみる

- [x] 「いい結果」をイメージさせる
- [x] 客観的な視点を持たせる
- [x] 数値化する
- [x] 独自のチェックリストをつくらせる

PART 2

相手に未来への夢を抱かせるための7つのスキル

☑ 目標についてとことん話す

☑ 相手の視点を変える質問をする

☑ 相手が価値を置いている行動を目標達成の手段にする

目標についてとことん話す

難易度▼初 中 上

こんな場合にこのスキル

- □部下が目標を達成しない
- □部下の目標設定をうまくすることができない
- □部下はよくやっているが今ひとつ大きく伸びない
- □部下との間にビジョンの共有がない

管理職のかたに「部下とどんなコミュニケーションがとれたらいいですか？」とたずねると、圧倒的に多いのが「目標を達成するようなコミュニケーション」という答です。

先日も、ある金融会社の支店長からこんな質問を受けました。

「どうすれば部下の中に本気で目標を達成してみようという気を起こさせることができるでしょう」

「ふだんは目標を決めるとき、部下とどんな話をしているんですか」と私。

「数字を与えて、部下がちょっとでも『無理だよそんなゴール』という顔をしたら、『とにかくがんばれ、やってみなきゃわかんないだろ』っていいます」

「それで目標が達成されなかったらどうするんですか」

「そのときは、本当にやる気があったのかと問い詰めます」

これではお互いに苦しくなっていってしまいます。

かつて日本全体が右肩上がりで、がんばればなんとかなると思えた時代はそれでもよかったでしょう。家庭でも学校でも、「がんばれ」は魔法の言葉でした。でも時は流れたのです。時代がただなんとなくがんばったらどうなるのかを見せてくれるということはもうありません。

多くの若者は「目標を達成して、それで？」と思っています。だから目標を達成したらそれはどんな「いいこと」を自分にもたらしてくれるのかということも含めて、目標についてたくさん、あきるくらい誰かと話す必要があります。そうしてはじめてその人は目標というものに意識が集中し「やってみようか」と思うのです。

「目標を達成した瞬間のこと、イメージできる？」「その目標を達成したら次にはどんな目標を持つことができるかな？」「目標に向かう過程でどんなことを身につけるんだろう？」「予想される障害にはどんなものがある？」

皆さんが、上司という役割を担っているとしたら、考えられ得る数多くの目標にまつわる質問をつくりだし、とにかく相手と目標についてたくさん話をしてみてください。

決して無駄な時間にはならないはずです。

「がんばれ」のかわりに、目標に関する質問をたくさんする

目標達成のためのコミュニケーションも変わってきた

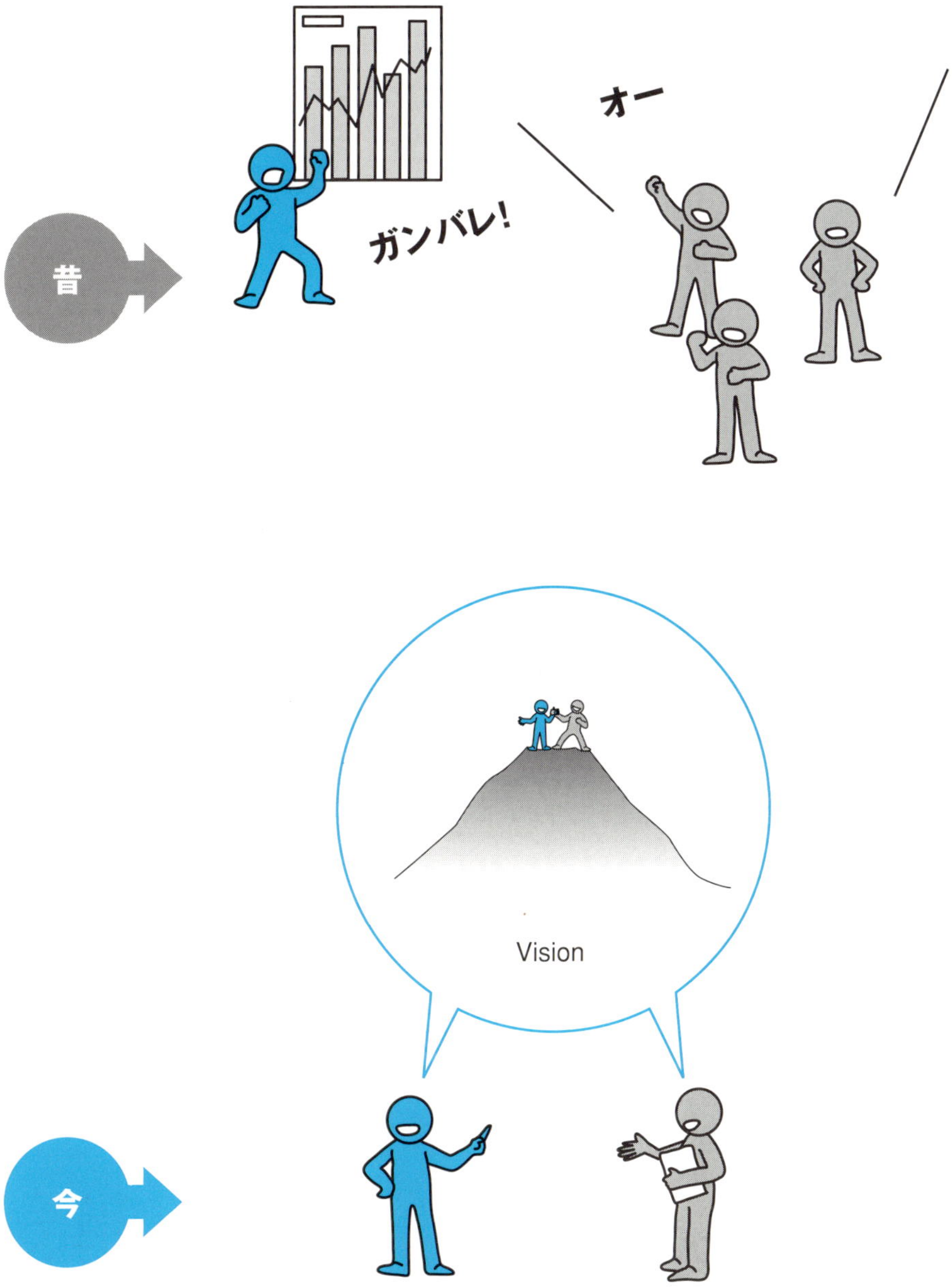

難易度▼初 中 上

相手の視点を変える質問をする

こんな場合にこのスキル

□部下の目標設定をうまくすることができでない
□部下は真面目で実直だが視野が狭く、いろいろな可能性に目を向けられない
□部下が目標を達成しない

コーチの大前提は「すべての答と能力は、その人の内側にすでにある」というものです。したがって夢もまた、その人の中にすでに存在しているとコーチは考えます。外側のどこかに転がっているわけではなく、誰でも今この瞬間、夢を見ることができる、コーチはそう信じます。

しかし往々にして、その内側の夢にはたくさんの膜や靄がおおいかぶさっていて、人はそれをはっきりと鮮明に見ることがなかなかできません。つい自分には夢がないなどと思ってしまいます。膜や靄の向こう側に横たわる夢へのアクセスを可能にする、それがコーチの役割です。

「視点を変えること」、それが夢への道を開くコーチのアプローチです。たとえば上からではそれが見えないとしても、横に移動したり、下に回ったりしてみれば、その姿を確認することができるかもしれません。あるいはその対象から遠ざかってみることで、全体像をより鮮明に見ることができるかもしれません。

そして、視点を移動させるために、コーチは「質問」をクリエイトしていきます。「もしなんの制限もなく、なんでも自由にできるとしたら、どんなことをしてみたい？」「子どものころに持っていた好奇心を今でも失っていないとしたら、どんな夢を追っていると思う？」「十年後のあなたは、今のあなたにどんな夢を追求してほしいと思っているかな？」

こんな質問により、相手の視点を変え、それまでは姿をとらえることのできなかった夢を垣間見させます。夢のかけらを拾い上げさせます。

続いてその夢の全貌が鮮明に見てとれるように、相手にその夢についてたくさん話させます。相手が夢についての思いをどんどん深め、そこに多くの可能性を見いだし、心の底からそれを手にしたいと思うまで、話して話して話させます。相手の夢の中に心からの興味と関心を持って入っていきます。こうして、夢のかけらを二度と意識の底に沈んでしまうことのない、大きな大きな一枚の絵へと変えていくのです。

今、あなたの目の前にいるその人の中にも、きっと夢があるはずです。

質問によって夢に気づかせ
夢についてたくさん話させる

夢へのアクセスを可能にするのがコーチの役割

カーテンをあけると
そこには「夢」につながる
道が広がっている

難易度▼ 初 中 上

相手が価値を置いている行動を目標達成の手段にする

こんな場合にこのスキル

- □部下の目標設定をうまくすることができない
- □部下が目標を達成しない
- □自分と違うタイプの部下をどう育てたらよいかわからない
- □部下の仕事に対するコミットメントがあまり高くない

まずは次の単語のリストを見てください。

どの行動を起こしているとき、あるいは状態にいるときが、皆さんがいちばん生き生きしているときでしょうか。同じような意味の言葉もありますが、より自分にしっくりくるのはどちらでしょう。ベスト3を選んでみてください。

- 探求する ●冒険する
- 優雅である ●輝いている
- 触れ合う ●共にいる
- 影響する ●勇気づける
- 極める ●卓越している
- 奉仕する ●サポートする
- 創造する ●工夫する ●遊ぶ
- 指導する ●説明する ●勝つ
- 達成する ●気づく
- 観察する ●洞察する
- 支配する ●説得する
- つながっている

人は、それぞれ無意識のうちに「価値」を置いている行動や状態があります。

目標達成のための行動はできるだけその人が価値を置いているもの、いい換えれば自然に楽しんでやれるような行動であることが望ましいことになります。無理なく続けることができるからです。価値に合わないような行動を目標達成の手段として選ぶと、継続することが大変になってしまいます。

ちなみに私が価値を置いている行動は「冒険する」であったり「工夫する」であったりします。このことをはっきりと認識してからは、仕事が以前よりも百倍楽しくなりました。以前は誰かのやりかたを踏襲することもあったのですが、今では一切していません。

先人のやりかたのほうが効果的なこともあるかもしれませんが、それを受け継いでしまうと「冒険」や「工夫」が排除されて、やる気が一挙にしぼんでしまうのです。

ですから目標に向けての自分の行動には必ず「冒険」や「工夫」が要素として入るようにいつも気をつけています。

ぜひ、コーチングする相手の価値に目を向けてみてください。上のようなリストを見せてもよいでしょう。

「どうしてやらなかったんだ！」と語気を荒げることは少なくなると思います。

価値を置いている行動を見つけ、それを継続させる

自分にふさわしい手段で目標に向かう

頂上に到達
するためのルートは
人によりいろいろ
ロープウェイ
ケーブルカー
歩いて登る

SKILL23

「いい結果」をイメージさせる

難易度▼初 中 上

こんな場合にこのスキル

□部下が期限通りにレポート等を提出しない
□部下が目標を達成しない
□部下が自分でやると宣言したことを継続してやらない

行動を習慣化させるのは、並大抵のことではありません。固く誓ったはずなのに、行動を起こす直前になると「いやな感じ」が内側に湧き上がって、「そうだ明日からにしよう」と先延ばしにする。ところが次の日になるとまた「いやな感じ」が訪れて「今日は疲れてるから明日にしよう」。でもやっぱり次の日になると「いやな感じ」には勝てなくて「ま、しばらくお休みにしとこうか」となってしまう。

そうなのです。問題は「いやな感じ」なのです。

「いやな感じ」が起きるのはなぜでしょうか。基本的には起こそうとする行動のプロセスをイメージしてしまうのが原因です。たとえば、部屋の片づけをしようと思う。ところが、次の瞬間、無意識のうちに掃除をしている自分の姿を思い浮かべてしまう。ほこりは立つ、細かいものをどこへ収納していいかわからない。そうするとあの「いやな感じ」が押し寄せ、「今日はやめよう」となります。早起きするときも同じ。目は覚めたものの体を起こせないときには、往々にして、起きたあと寒い空間で身を震わせながらボーっとした顔で冷たい水に手をつけるところを瞬時に描いていたりします。そうするとまたまた「いやな感じ」。

「いやな感じ」の襲撃を避け「いい感じ」に包まれるにはどうしたらいいか。それには、行動の結果を思い浮かべることが得策です。

なにか行動を思い立つということは、その行動の先になにかいいことがあるからです。掃除をするのは綺麗な部屋で気持ちよく生活している状態を手に入れたいからだったり、早起きするのは朝日を浴びながら香り高いコーヒーを飲み、すがすがしく一日をスタートさせたいからだったりします。行動のプロセスではなく、その行動の先の「いいこと」をイメージする。そうすれば、驚くほどすっと行動を起こすことができます。

「いやな感じ」がやって来たと思ったら、その行動によって自分が手に入れるものに「スパーン!」と絵を切り替えてみてください。

そして行動が習慣化したら、ぜひこのテクノロジーをあなたの部下にも教えてあげてください。

行動の過程ではなく結果の「いいこと」をイメージさせる

よいイメージを思い浮かべて行動を習慣化する

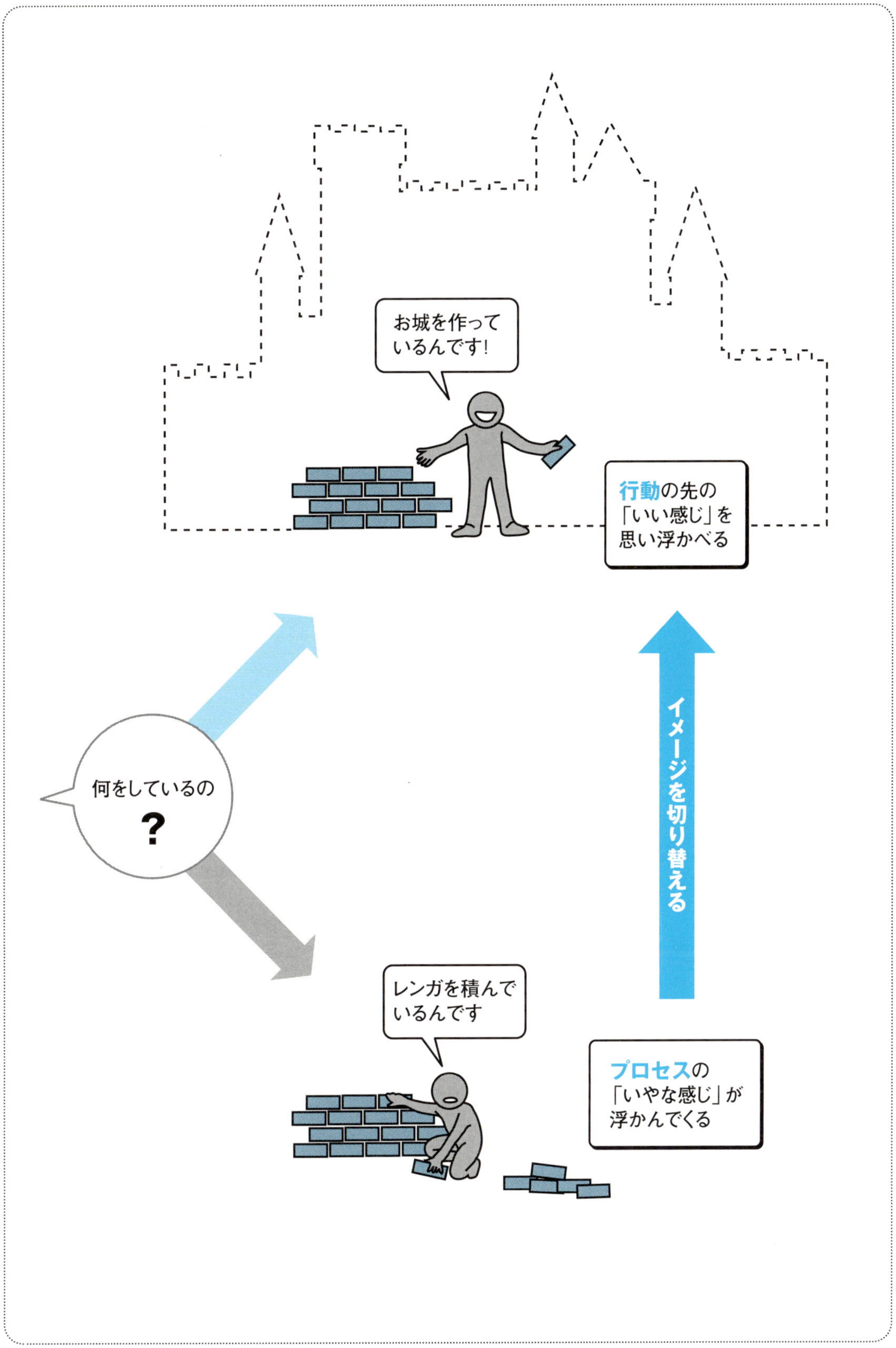
お城を作っているんです!
行動の先の「いい感じ」を思い浮かべる
何をしているの?
イメージを切り替える
レンガを積んでいるんです
プロセスの「いやな感じ」が浮かんでくる

SKILL24

難易度▼初 中 上

客観的な視点を持たせる

こんな場合にこのスキル

□部下が目標を達成しない
□部下がいつも不平や不満ばかりいってくる
□部下が後輩とうまくいっていない
□部下が最近仕事のことでとても悩んでいるようだ
□最近部下が疲れている

相手の気になっている問題について、三十分間、話させる

あるメーカーの取締役のコーチングをしていたときのことです。部下の営業課長とどう関係を構築していくかがその日のテーマでした。私はその日、朝から体調がすぐれず、ただひたすら彼の話をきくことに徹しました。三十分経って、彼がセッションについてどのような感想を持ったのかが気になり、きいてみました。すると彼は「いやあ、すっきりしましたよ」という気持ちが軽くなりましたよ」というのです。特になにも解決方法は見つかっていないにもかかわらず。

ひとりの人について、あるいはひとつの出来事について、三十分以上誰かに続けて話したことがありますか。人はついひとつのことに「ぐーっ」と入りがちです。誰かとの関係がうまくいっていないと、その人のことについて「ぐーっ」と入りこむ。営業がうまくいかなければ営業のことを「ぐーっ」と考えこむ。それもきっと大事なことだとは思いますが、あまり入りこんでいると、対象とぴったりくっついてしまって、対象を横や後ろから見る機会に乏しくなってしまいます。すると問題を解決する糸口がなかなか見つかりません。そんな人を対象から引きはがす方法のひとつが、対象について延々と話をしてもらうことです。

最初に伝えます。「わかった。その後輩のことが苦手なんだね。それなら彼について思っていること感じていること、全部きかせてくれないか」

相手が止まったらいいます。「もっと、全部きかせて」。再び止まったらまたいいます。「他にどんなことでもいいから思っていることをきかせて」。相手がもうこれ以上話せないと思うくらい話してもらいます。ひとりの人について三十分も続けて話してしまったら、もうぴたっとくっついているのはむずかしい。自然と対象との間に距離ができて、前より冷静にその人との関係を見ることができるようになります。

話をよくきいてくれるような人を見つけて、三十分くらい、うまくいっていない人について話してみてください。最初にお願いしましょう、「三十分、ただきいて」と。そして対象からすっと離れて気持ちが軽くなる瞬間を味わったら、ぜひ他の人にも試してあげてください。

苦手な相手（対象）についてとことん話してみると……

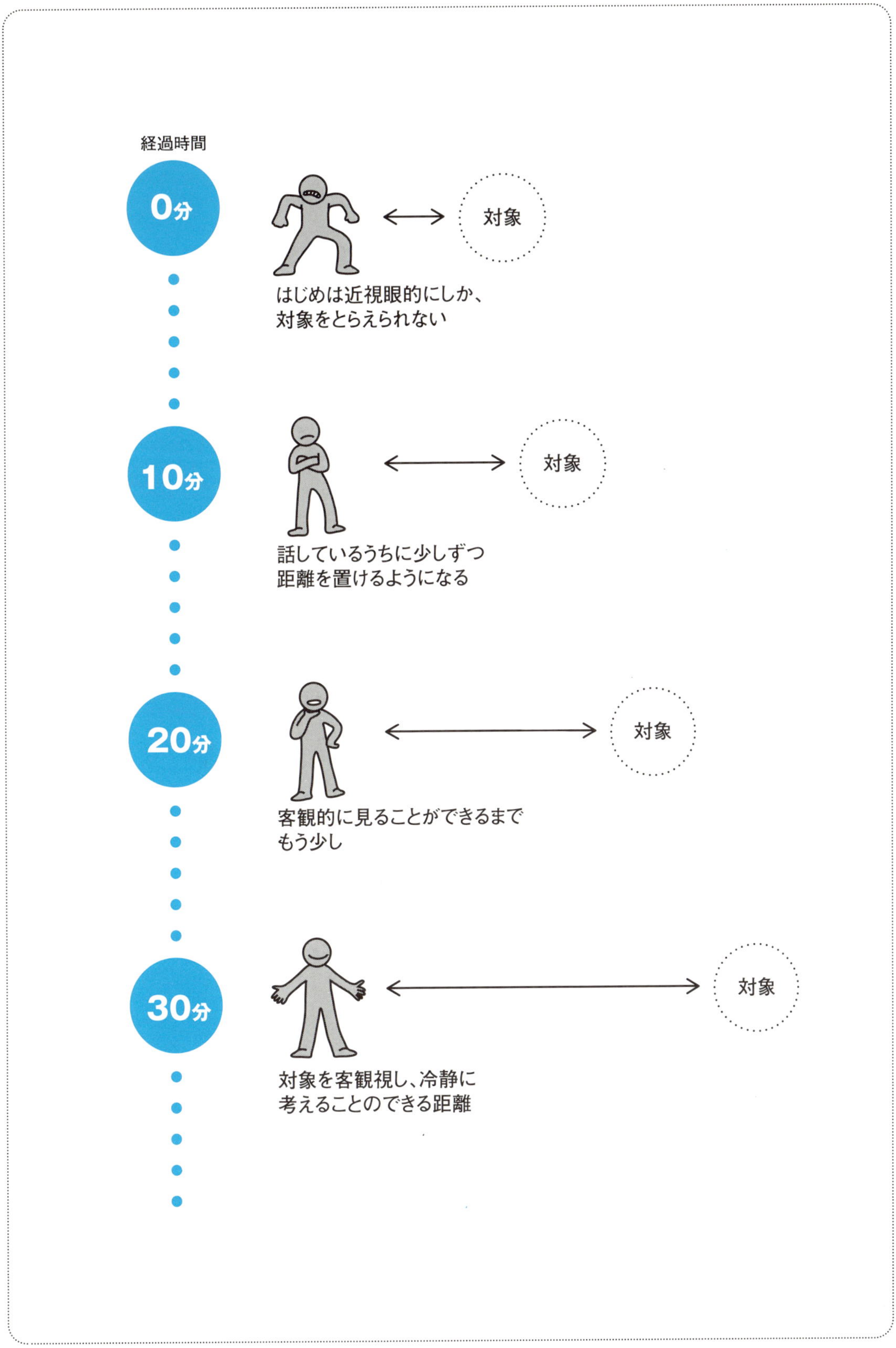
経過時間
0分
対象
はじめは近視眼的にしか、
対象をとらえられない
10分
対象
話しているうちに少しずつ
距離を置けるようになる
20分
対象
客観的に見ることができるまで
もう少し
30分
対象
対象を客観視し、冷静に
考えることのできる距離

数値化する

難易度▼初　中　上

こんな場合にこのスキル

- □部下が顧客とどのように商談を進めているのか今ひとつ見えない
- □部下が目標を達成しない
- □部下にあまり問題意識がない

金融会社の支店長十人を対象にグループコーチングをしていたときのことです。一週間どのように部下にコーチングをしたのかを、ひとりずつ振り返ってもらっていたのですが、ちょっとお堅いかたがたのようで、なかなか言葉がスムーズに出てきません。「ちゃんとした」言葉で発言することばかりに意識をとられているのでしょう。

そこでいくつかの質問をもとに、彼らの一週間のコーチングに点数をつけてもらうことにしました。「今週はどのくらい部下の話をききましたか？　十点満点で採点すると何点ぐらいでしょう？」「部下を承認した度合いは何点ですか？」「部下が楽しんで仕事をしていた度合いは何点ですか？」

そうした質問を投げかけると、「あ～、そういわれてみると」「ん～、結構やれてないもんだな」といった気づきの声があちらこちらから洩れました。

ふだん漠然と「やれていない、できていない」と思うことを「点数にしたら何点なんだろう」と問いかけてみると、行動を客観的に振り返ることができ、ここまではできている、しかしここから先はできていないというのがはっきりと見えてきます。

試しに、自分がもっとこうなったらいいのにと思っていることについて点数化してみてください。理想の状態を十点満点として。

「仕事の目標をどれだけ本気で達成しようと思っているだろう？」「夢を実現するために、どれくらいの行動を今起こしているだろう？」

どんな点数がつきましたか。厳密に考えて点数を割りだすのではなく、ぱっと浮かんだ数字をとらえてみてください。

できていないことというのは「なんだかうまくいってないな」と漠然と思っていることが多いものです。意識にすら上っていないかもしれない。それをうまくいかせようとするのは、霧の中で進むべき道を探すようなものです。

点数化することはこの霧をかき消し、進むべき道を目前に提示してくれる可能性があります。霧の中でさまよい歩いている人がいたらぜひ「それ何点？」ときいてみてください。少なくとも道の入り口くらいは見えるはずです。

理想の状態を十点満点として、今の状態を採点させる

自己採点することで足りないものが見えてくる

どのくらい
できてるんだろう？

頂上
いま６点だな。
あと４点だ。
見えてきたぞ

独自のチェックリストをつくらせる

難易度▼初 中 上

こんな場合にこのスキル

- □部下が目標を達成しない
- □部下のほうが知識を多く持っていてどう接したらよいのかわからない
- □部下は真面目で実直だが視野が狭く、いろいろな可能性に目を向けられない

コンピタンシーという言葉があります。行動特性などと訳されますが、ある職務において有すべき行動能力のことです。たとえば、ある会社の営業マンにとってのコンピタンシーは「顧客に対してどのような質問をするか、必ず訪問前に考えている」だったりします。

最近このコンピタンシーという概念を導入して社員の職務能力の向上を図ろうとする企業が増えてきました。その職務において優れた成果を発揮している人（社内から選ぶということもあれば社外からの場合もあります）をモデルにしてつくったチェックリストを配布し、全体のチェックリストの点数を押し上げるように教育すれば、社員の職務能力は高いレベルで平準化され、自ずと業績は上がるだろうという考えです。

ところがこの制度、うまくいっているという例をあまりきいたことがありません。

チェックリストを使って能力向上に努めさせるというのは、新人で入ってきたばかりのプロ野球選手に、ヤンキースの松井選手を見習って打てというのに近いものがあります。本来伸ばすべきポイントは人それぞれ違うはずなのに、つい「であるべき」を追求させてしまうわけです。

チェックリストを持たせること自体は、スキル向上への意欲を継続させるために役立つことだと思います。が、できればその人独自のチェックリストをいっしょにつくるところからはじめたい。

「今月身につけたいスキルをチェックリストにまとめてみようよ」と、相手がどこを目指すのか丹念にきいていきます。そして十個見つかったら、その十個の文章をどんなチェックリストの形に仕立て上げるのかも相手にききます。手帳に入るくらいの大きさでいつも携帯できる形にしてもらうのもよし。A4の紙に自分がいちばん好きな書体を使って印刷してもらうのもよし。そのチェックリストが自分以外の誰のものでもない、とてもオリジナルなものであることを認識する工夫をしてもらいます。

そうすることでチェックリストは、単に自分に努力を強いる命令ではなく、自分のやる気を引きだしてくれるエネルギー源となるのです。

オリジナルのチェックリストをつくらせ、やる気を引きだす

自分でリストをつくればやる気も出る

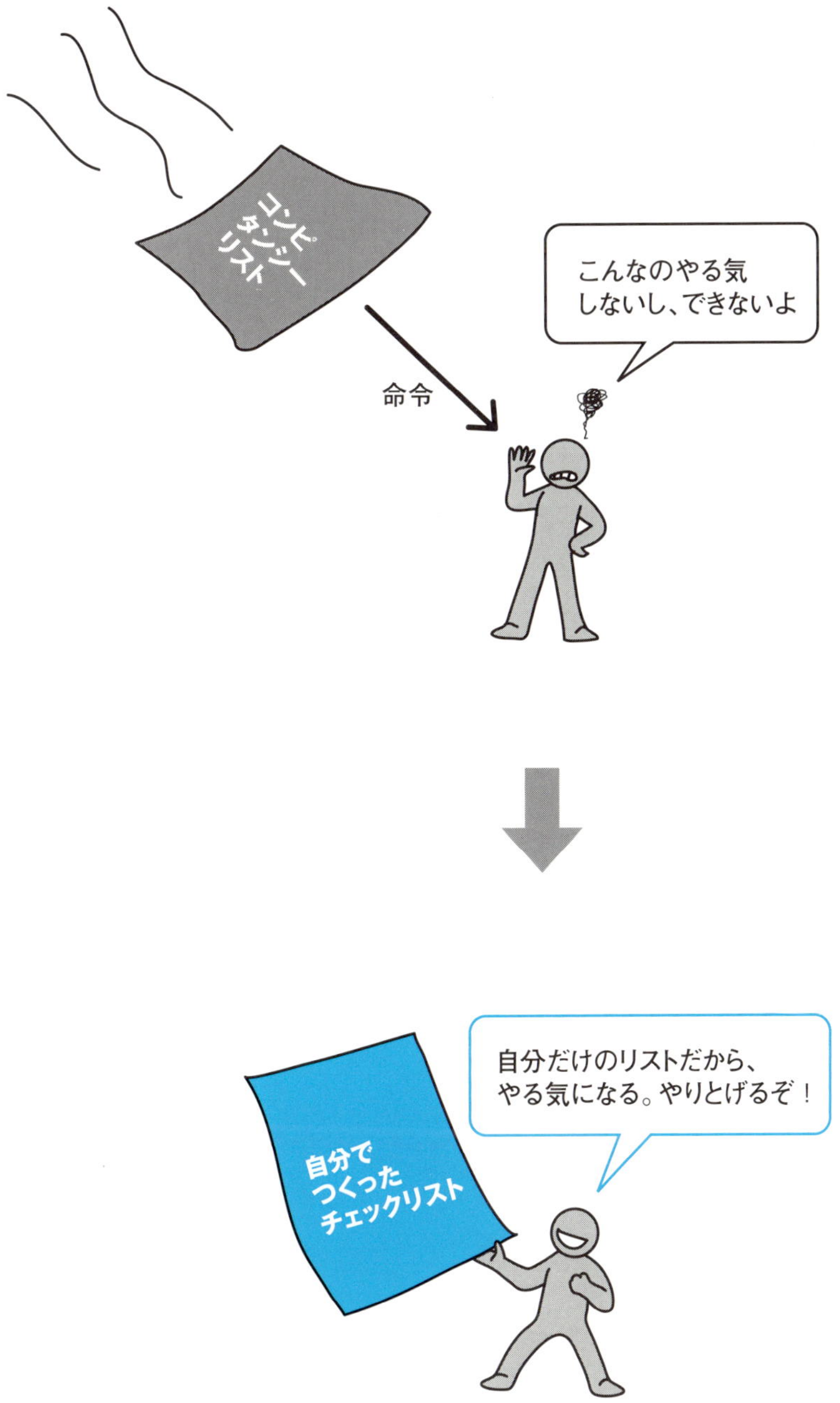
コンピタンシーリスト
命令
こんなのやる気
しないし、できないよ
自分でつくったチェックリスト
自分だけのリストだから、
やる気になる。やりとげるぞ！

- ☑ 役割を交換する
- ☑ フォローする
- ☑ 失敗する権利を与える
- ☑「ここぞ」という場面で
  クローズド・クエスチョンを使う
- ☑ 相手の心に火をつける
- ☑ ほめ続ける
- ☑ 心の絵を差し替える
- ☑ エネルギーを蓄えさせる

PART 3 相手に新しい視点を与え、自発的な行動を促すための15のスキル

- ☑ 物語をつくる
- ☑ 枕詞をおく
- ☑ 相手の人生に新しい切り口を与える
- ☑ 広く多くのことをきく
- ☑「命令」ではなく「説明」する
- ☑ 相手に受け入れられる「提案」をする
- ☑ とんでもないリクエストをする

SKILL27

物語をつくる

難易度▼初 中 上

こんな場合にこのスキル

□一生懸命自分の体験を伝えているのに部下は真剣に受け止めていない

□部下が目標を達成しない

目上の人から「人生はねえ」ではじまる訓示を延々ときかされて辟易したことはありませんか。

「AはBである」という一般論ほど、伝える側の「伝えたい度」とき手の「ききたい度」に温度差があるものはありません。「人生は」「仕事とは」「学ぶとは」、発言者にとっては苦労に苦労を重ねて見つけた「真実」ですから、自ずと熱がこもります。しかしこれをきくのは多くの場合、苦痛以外のなにものでもありません。

コーチングでは相手から引きだすのが鉄則ですが、ときとして、こちらからものの見かたや違う視点を伝えたくなるときがあります。しかし一般論ではダメです。相手の耳の入り口ではね返されます。なぜなら、一般論を無防備にきいてしまったらとても危ないからです。「人生は努力だ」といったら、努力以外のものは排除されてしまうわけで、そんなことを簡単に受け入れたらすごく窮屈な人生になってしまう。だから人はめったなことでは一般論に同意しません。

「AはBである」を相手に少しでも伝えたかったら、それを「お話」の中に入れて語る必要があります。お話は本や映画のストーリーであったり、見ききした誰か別の人の話であったり、あるいは自分の過去の体験だったりします。

「お話」が伝達の手段として優れているのには二つ理由がありま す。ひとつはそれが具体性を持った話であればあるほど「AはBである」をサポートする事実が確かにそこにあったということを相手に示すことができるということ。つまりそれがいつも絶対正しいかどうかは別にしても、正しい瞬間もあるということをきき手に感じさせられること。もうひとつは、一般論と違ってお話は頭に残りやすいということです。だから「AはBである」という文章が頭に浮かんだら、とにかくすぐにお話を探します。

もともと、そう思うに至った過程には、本を読んだり、誰かの話をきいたり、自分自身がなにかに遭遇したり、なんらかの体験があったはずですから、必ず浮かんでくるはずです。

お話という乗り物に乗せて、はじめてあなたの「真実」は部下の心に届くのです。

一般論はダメ。具体的なストーリーを使って相手に伝える

たとえば、仕事に煮つまっている部下にどう声をかけるか？

ちょっと失敗したくらいであきらめるな！
努力が足りないぞ！　がんばれ！

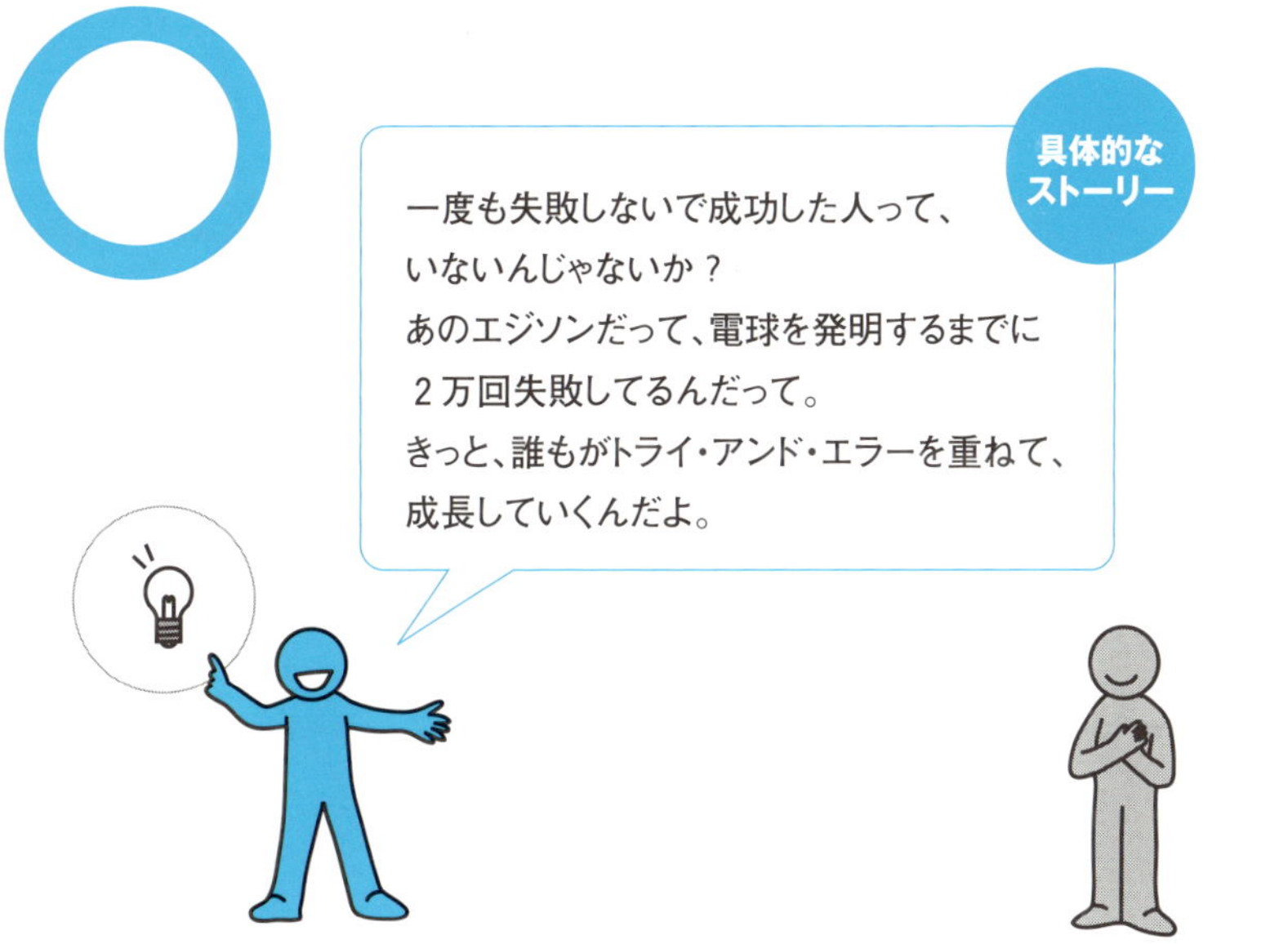

具体的なストーリー
一度も失敗しないで成功した人って、
いないんじゃないか？
あのエジソンだって、電球を発明するまでに
２万回失敗してるんだって。
きっと、誰もがトライ・アンド・エラーを重ねて、
成長していくんだよ。

SKILL28

枕詞をおく

難易度▼初 中 上

こんな場合にこのスキル

- 一生懸命自分の体験を伝えているのに部下は真剣に受け止めていない
- 部下が目標を達成しない
- 部下にいいたいことがあるがちょっといいにくい

いいにくいことをいおうとするとき、どんないいかたで相手に伝えるか、事前に頭の中で何回もシミュレーションしたりしませんか？　ところがシミュレーションすればするほど、実際に相手を前にすると緊張が走って、声がうわずったり、あるいは逆に妙に語気が強くなったりします。お互いの間に張り詰めた空気が流れ、なんとも居心地の悪い状態が訪れます。そんな経験をすると、次にいいにくいことをいわなければならないとき、前にも増してシミュレーションしてしまったりします。するとまた強い緊張が走って……悪循環に陥ってしまいます。

そんなときに活躍するのが「枕詞」です。これを使うと伝えにくい言葉を意外に楽に口にだすことができます。

いくつか種類がありますが、まずは相手の許可をとる枕詞。「ちょっといいたいことがあるんだけど、いってもいいかな？」相手はまず九九％イエスといいます。許可をとれば、そんなにいいにくくはないものです。

次に、相手のその行動がどんな場合でもマイナスなのではなく、あるひとつの視点から見る限りそうだということを伝える枕詞。

「コーチングという視点から見ると……」「これは私の考えだけど……」「ひとつの可能性として……」

こちらの主張の及ぶ範囲が限定されるため、相手の抵抗感が薄れます。相手がそんなに抵抗してこないと思えば、自分の意見も伝えやすくなるものです。

それから最後に、自分の気持ちをあらかじめ伝える枕詞。「これいおうと思うとちょっと緊張しちゃうんだけどね」

もう隠すものはありませんから、堂々と伝えられます。

このように枕詞は相手にメッセージを伝えるときのハードルを低くしてくれます。また同時に枕詞は、それを使うことで相手と自分を「パートナー」という関係に保つ働きもします。逆にメッセージを枕詞なくいきなり伝えると、そこに不必要な上下関係を生んでしまう可能性があるわけです。

そのメッセージがあなたにとって伝えにくいものでない場合でも、パートナーとなるために枕詞は有効です。

枕詞を使うといいにくいこともいえ、相手とパートナーにもなれる

こんな枕詞が役に立つ

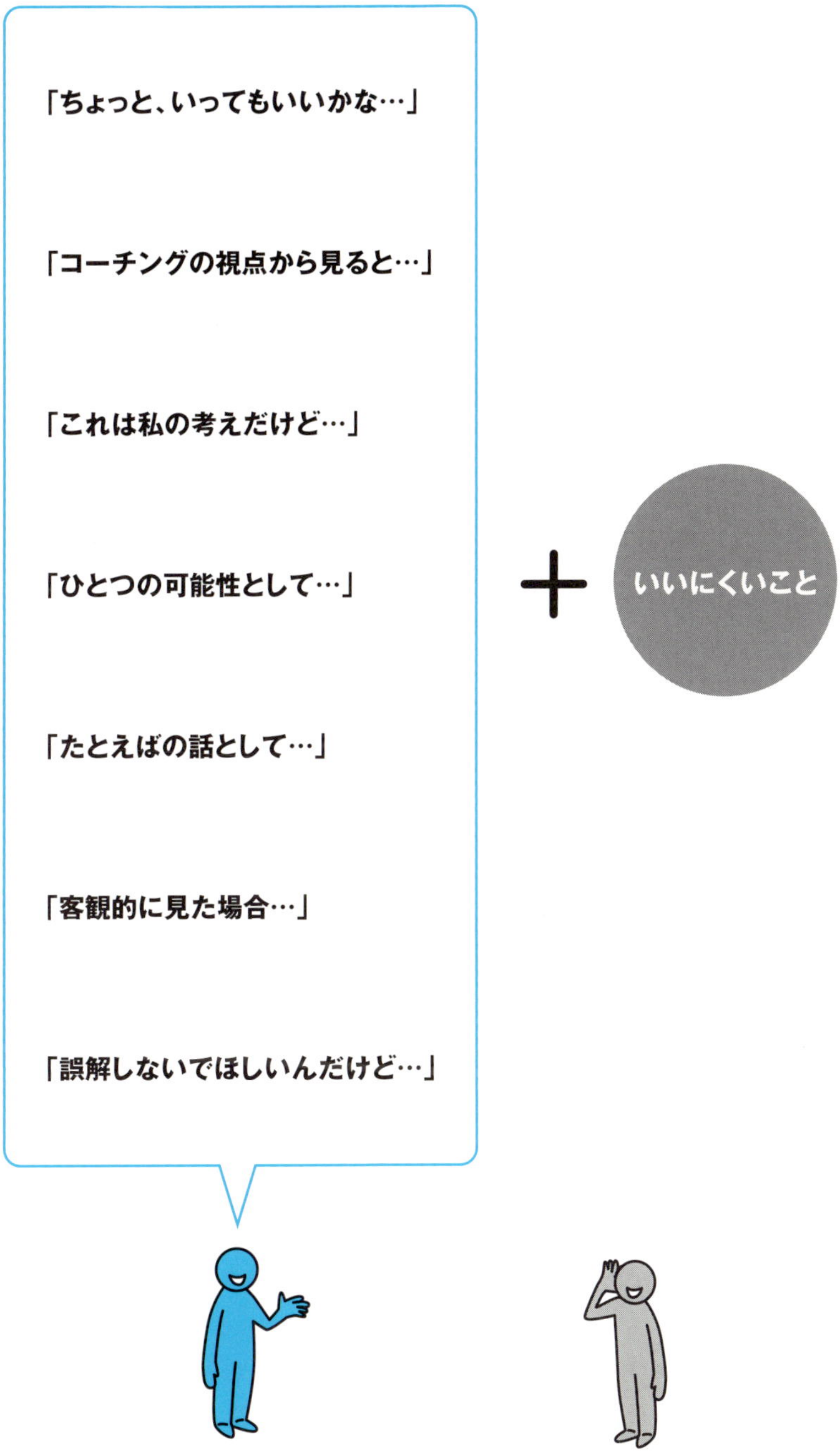
「ちょっと、いってもいいかな…」
「コーチングの視点から見ると…」
「これは私の考えだけど…」
「ひとつの可能性として…」
「たとえばの話として…」
「客観的に見た場合…」
「誤解しないでほしいんだけど…」
＋
いいにくいこと

SKILL29

難易度▼初 中 上

相手の人生に新しい切り口を与える

こんな場合にこのスキル

- 一生懸命自分の体験を伝えているのに部下は真剣に受け止めていない
- 部下が目標を達成しない
- 部下にあまり問題意識がない
- 部下は真面目で実直だが視野が狭く、いろいろな可能性に目を向けられない

まずは次の三つの設問を読んでください。最初は読むだけで結構です。

「自分が仕事や家庭で妥協していることを五つあげるとしたらなにですか？」

「ちょっと長い間抱えている未完了を三つあげるとしたらなにでしょう？」

「あなたの境界線はどのくらい広いですか？」

妥協というのは、本当はこうであったらいいというのがあるにもかかわらず、とりあえずこんなところで我慢しておくかと思っていることです。

「部下がいつも二、三分遅刻してくるんだけど、いちいち目くじら立てて注意するのもなんだし、まっいいか」といった類のものです。

未完了は、いつかやろうと思っていてやっていないこと。あるいはやめようと思っていてやめていないことです。たとえば、「住所録を整理していない」「お礼の手紙を書いていない」など。

境界線はあなたが周りの人にどのくらいノーといえているかの指標です。

境界線が広い人は、理不尽な要求をされたときに「それはできません」、自分を傷つけるようなことをいわれたときには「そういうことはいわないでください」とちゃんと伝えることができます。逆に境界線が狭い人は、我慢して人の要求を受け入れたり、批判を丸ごと受け入れたりしてしまいます。

さて、改めて上の設問を読んで、そしてそれに答をだしてみてください。

どうでしょう。なにか気づくことはありますか。

妥協／未完了／境界線など、その人にとって耳慣れない「切り口」を投げかけることで、その人の人生を新しい角度から照らしだすことができます。たとえば、境界線というビームを人生に当てることではじめて、自分が日頃どれだけ人の理不尽な要求を受け入れてしまっているかが見えてくる可能性があるのです。

あなたの周りの人の人生に新鮮な「切り口」を与えてみてください。どんな「切り口」を使いますか。

耳慣れない言葉を投げかけて、相手の人生を新しい角度から照らしだす

あなた自身について書きこんでみよう

自分が仕事や家庭で妥協していること	・ ・ ・ ・ ・
長い間、抱えている未完了	・ ・ ・ ・ ・
自分の境界線の広さ	（誰に）　（どうされたら）　（どう反応しているか） ・ ・ ・ ・ ・

広く多くのことをきく

難易度▼ 初 中 上

こんな場合にこのスキル

- □部下が目標を達成しない
- □部下が最近仕事のことでとても悩んでいるようだ
- □部下は真面目で実直だが視野が狭く、いろいろな可能性に目を向けられない

　アメリカの大学院で臨床心理学を学んでいたころ、私はカウンセリングの達人になりたいと思っていました。

　学内の実習だけではあきたらず、週末はいろいろな心理療法のワークショップに通いました。そのひとつがＮＬＰ（神経言語プログラミング）でした。私に指導してくれたのはロン・クラインという初老の男性。彼のデモンストレーションをはじめて見たときの鮮烈な驚きは忘れることができません。クライアントの問題の核心に一気に入りこみ、あっという間に相手のものの見かたを変えてしまいます。彼のようになりたい。何度もそう思いました。

　コーチングはカウンセリングではありませんが、自分の中でのコーチングの達人像はロン・クラインでした。現状における問題を鋭く明らかにし、目標達成のためにとるべき行動を素早く引きだす。これが自分の目指すコーチングだったのです。とにかく核心、核心へと迫る。

　ところが最近、この錐で穴をあけるようなコーチングもひとつの選択肢にすぎないと思うようになってきました。時として一カ所を深掘りするよりも、広く多くのことをきき出すことが有効な場合があります。

　先日もある保険会社の営業所長のコーチングをしていた際、所内でなにが起こっているかについて、とにかく広く浅くきいていきました。ひとつ質問をして答をきいては、また「他に気づいていることはないですか？」ときく。答に詰まったら、「部下はそのことについてどう思っていますか？」「バイトの女性は毎日どんなことを考えながら仕事していますか？」と、こちらからいくつかの切り口を与えてみる。そうすると現状に対していろいろな角度から光が当たり、彼は複眼的に状況をとらえることができます。

　広く多くのことをきくと、ある一点しか見ずに凝り固まっていた脳の緊張が和らぎ、状況が見通せることがあります。逆にはじめから拡散しているような場合には、狭く深掘りをすることで意識を集中させていくほうがいいかもしれません。

　ぜひ場合によって使い分けてください。

広く浅くさまざまな質問をして、いろいろな角度から状況に光を当てる

時には深掘りし、時には広く浅く多くのことを聞いてみる

狭く深く
錐で穴をあけるように核心に迫る

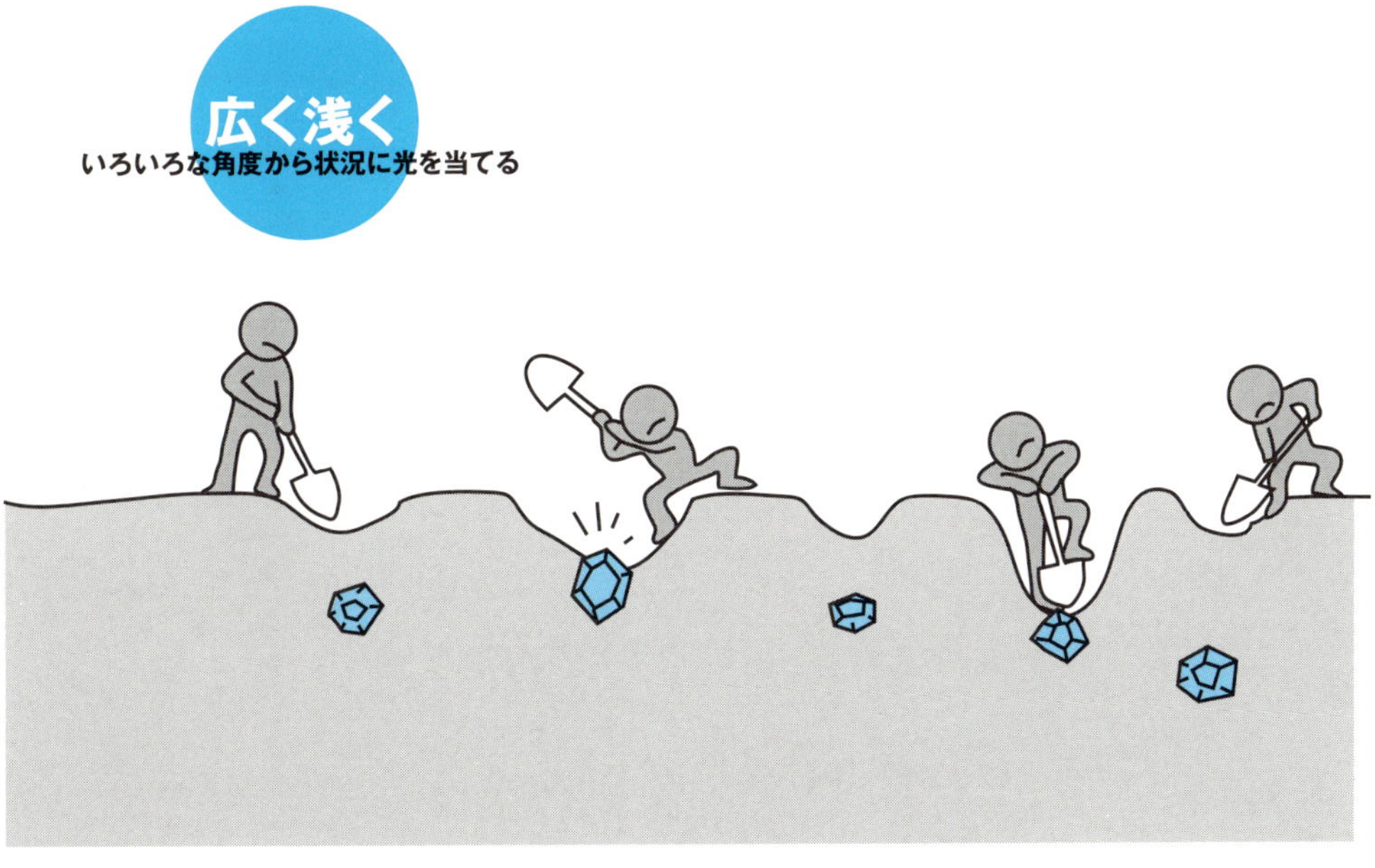
広く浅く
いろいろな角度から状況に光を当てる

「命令」ではなく「説明」する

難易度▼初 中 上

こんな場合にこのスキル

- □部下が目標を達成しない
- □若い人とうまく接点を持つことができない
- □部下にあまり問題意識がない
- □部下との間にビジョンの共有がない

二〇〇〇年、慶應大学のラグビー部は、創部百周年のメモリアルイヤーにみごと大学選手権大会で優勝し、日本一の栄冠に輝きました。率いたのは上田昭夫監督です。同部はその十四年前にもやはり上田監督のもと、大学日本一になっています。

しかし、彼が部を去ったあと長い低迷が続きました。上田監督は再び要請を受け現場に復帰、この成果をあげたのです。

彼は学生の指導育成について『王者の復活』（講談社）の中で述べています。「チームを日本一に導いた経験を持つ監督を前にすれば、はじめから学生たちは『聞く耳』を持ってくれるはずだ、と無意識に思い込んでいたような気がする」「彼らは自分なりに納得した上で行動したいと思っているのである。（中略）要するに、今の若者を動かすのに必要なのは『命令』ではなく『説明』なのだ」

かつて絶対的な「上下関係」があった慶應のラグビー部においてすら、もはや一方的な上からの指示は若い人たちにストレートに入っていかないのです。

大企業、官僚、警察など、かつて「権威」とあがめられた集団がその弱さをもろくも露呈するのに日々接している現代の若者にとっては、上からの指示に盲目的に従うことなどナンセンスにすぎないでしょう。

これが一般企業であればなおさらのこと。「いやならいつでも辞めてやる」と思っている若者にとって、説明の付与されない、上司という立場をかさにきただけの指示はまったく従うに値しないわけです。

一昔前であれば「理由なんか考えずまずやってみろ！」で通っていたところを、今は「なぜそれをする必要があるのか」「それをするとどんな利益がもたらされるのか」を明確に伝える必要があります。上司にとってはやって当たり前のことも、もう一度その理由をきちんと言語化する必要があるのです。

「今日の一針は明日の九針を省く」ということわざもあります。あとで「なんでやらなかったんだ！」と怒るくらいだったら、きちんと今日「なぜ」を伝えてみたらどうでしょうか。

ただ「やれ」ではダメ。
「なぜそれをやるのか」を説明する

もちろん根性も必要ですが…

昔は
根性を出せ！
身体で覚えろ！
理屈をいうな！
気合いを入れろ！
ガンバレ！
はい！

でも通用したが…

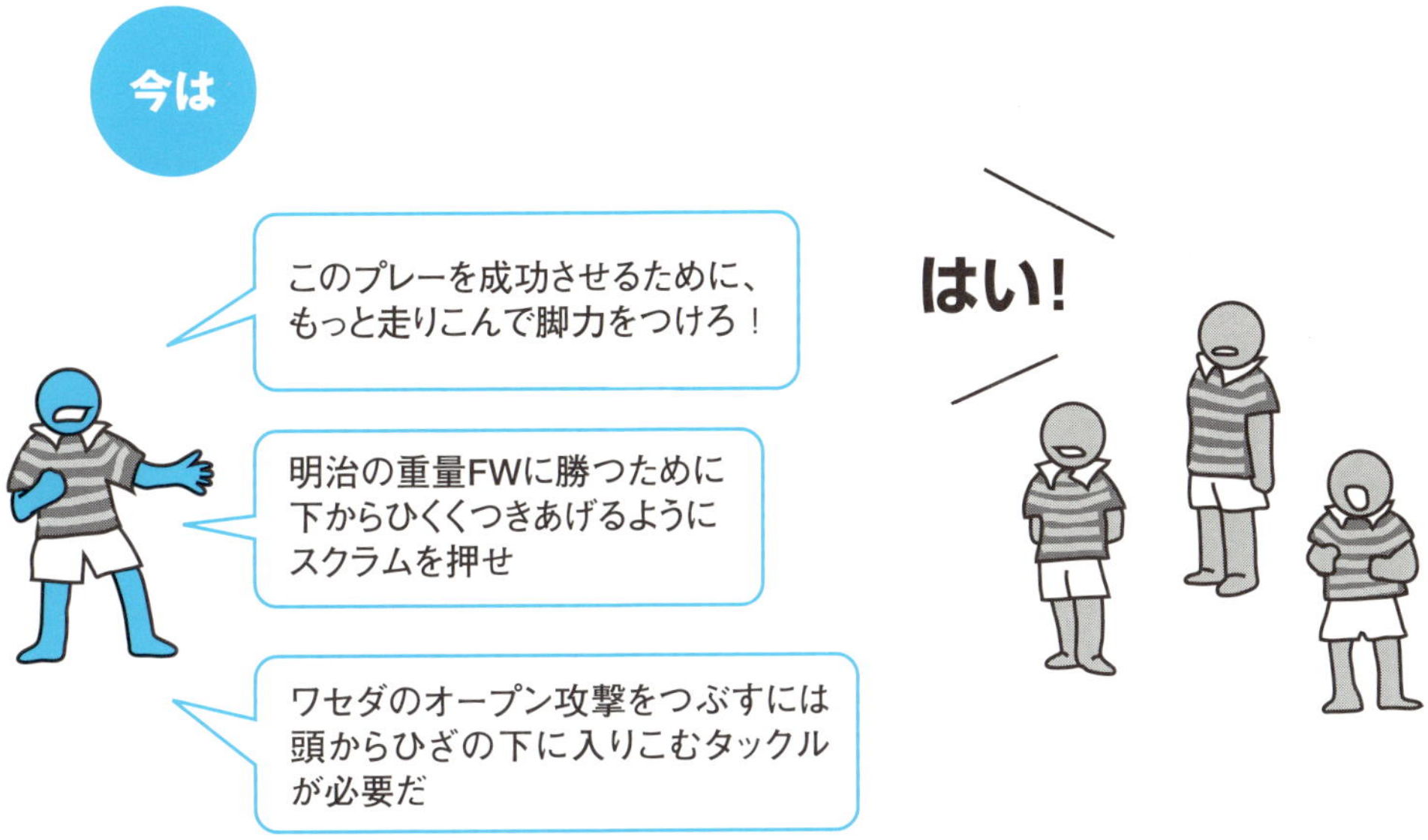
今は
このプレーを成功させるために、
もっと走りこんで脚力をつけろ！
明治の重量FWに勝つために
下からひくくつきあげるように
スクラムを押せ
ワセダのオープン攻撃をつぶすには
頭からひざの下に入りこむタックル
が必要だ
はい！

という説明と納得が必要！

SKILL32

相手に受け入れられる「提案」をする

難易度▼ 初 中 上

こんな場合にこのスキル

□一生懸命自分の体験を伝えているのに部下は真剣に受け止めていない

□部下が目標を達成しない

提案ならしょっちゅうしているし、されてもいる。なにをいまさらと思うかもしれません。しかし、ちょっと考えてみてください。いったいなにをもって「提案」というのでしょう。あなたのその提案は本当に相手から「提案」として受け止められているでしょうか。

先日、ビールを飲んでいたら、飲み終わるか終わらないかのうちにウェイトレスがやってきて「おかわりどうですか?」ときます。もう一杯飲むつもりでしたが、「飲むのが当たり前」とでもいいたげな口調に腹が立ち「結構です」といってしまいました。さらに彼女は「では、他の飲み物はいかがでしょう?」と追い討ちをかけるので、強い口調で「まだいいです」といいました。彼女はばつが悪そうに別のテーブルに行ってしまいました。

ウェイトレスの言葉は文字だけとりだせば提案です。しかし私には、自分のいうことに有無をいわさず従わせようとする「命令」にきこえました。本来、提案は、イエスというかノーというかの選択を相手に完全に委ねてはじめて成立するものです。ところが会社でも学校でも、上位にいる人が下にいる人に向かって、本当の意味での提案をする姿はあまり見かけません。

「プレゼンの資料に市場動向レポートも入れたらどうだ」「もう少し英語に力を入れたほうがいいんじゃないか」。形態は提案ですが、ほとんど「命令」だったり、「おせっかい」だったりします。命令やおせっかいは、どうしても、「やらされている」というところに相手を導いてしまいます。

「イエスでもノーでもいい、判断はおまえに任せた」というトーンで語られたとき、相手はその問いかけを「提案」として受け入れることができます。

まずは自分に投げかけられる言葉に意識を向けて、それが提案なのか提案以外のものなのかを察知する練習をしてみてください。会社で、家庭で。

基準はただひとつ。そこにノーという自由が与えられているかどうかです。それができたら、自分で提案と提案以外のものを区別して周りに使ってみてください。相手の反応がどう変わるかに意識を向けながら。

命令でもおせっかいでもなく、相手にノーという自由がある提案をする

もちろん、これは提案ではありません

有り金をすべて出していただければ、
あなたの安全に寄与できると思いますが、
いかがでしょう？　この提案
Yes

NOという自由は0%

SKILL33

とんでもないリクエストをする

難易度▼初 中 **上**

こんな場合にこのスキル

- □部下が目標を達成しない
- □部下はよくやっているが今ひとつ大きく伸びない

あまりに大きな、とんでもないリクエストを受けて、視界がパーッと開けたことはありませんか？

少しの努力でできるようなリクエストだと「えーっ……」なんて思うのに、ものすごく大きなリクエストをされると「ひえーっ！」と思いつつも、なぜか妙に体が軽くなる。そんな経験をしたことはないでしょうか？

今もし、期限を決めてこのときまでにやってしまおうと思っていることがあれば、そのことについてちょっと想像してみてください。

部屋の片づけをする。仕事で書類をつくる。英単語を五百覚える。五十万円貯金する。あなたの中に期限がセットされている目標であれば、なんでもかまいません。

次に、今思い浮かべているそのゴールを、セットした半分の時間で、本気で達成しようと思ったらどんな体験をするかを想像してみてください。一カ月であれば二週間に。一週間であれば三日に。四時間であれば二時間に。

どうでしょう。エネルギーが湧き上がるのを感じませんか？

今度は期限は変えずに、達成する量を二倍にしてみてください。二部屋だけでなく、四部屋すべて徹底的に片づける。二種類の書類を一気につくる。英単語を千覚える。百万円貯金する。一瞬でいいですから、絶対それをやると決めてみてください。どんな感じですか？　妙に周りがはっきり見えたりしませんか？

自分に対してではなく、周りの人に二分の一の時間で、あるいは二倍の量を達成するようリクエストするとしたらどうでしょう。

人はリクエストを受け、それに応えることで、はじめて自分があらかじめ用意した限界を打ち破ることができます。コーチは、相手が一瞬耳を疑うような、とんでもないリクエストを、わくわくするような「ゲーム」として見せ、相手の心の中に火をつけることができます。

ただし、そのリクエストに応えるだけの力は、すでに相手の中に存在しているという、相手への深い信頼感が必要だということはいうまでもありません。

目標量を二倍にする、または二分の一の時間で達成すると決めてもらう

たまには限界に挑戦する・挑戦させる

ふだん
今週中に企画書5本
仕上げてくれ
わかりました
やっぱり週に5本くらい
しかできないよな
たまに
今週は企画書10本
たのむ
えー、10本ですかあ
大変だなぁ。
やだなぁ。
また残業か…
突然
今週は
企画書100本ね
ひえー
そんなのムリですよ
メチャクチャだけど、
いっちょう
やってやるか！

ただし、お互いに信頼感がなければならない

役割を交換する

難易度▼ 初 **中** 上

こんな場合にこのスキル

- □部下が目標を達成しない
- □部下がいつも不平や不満ばかりいってくる

コーチングをしているときに、ふっと思い立ってクライアントのかたにコーチになってもらうことがあります。

この前も税理士のかたのコーチングをしていて、どうも話が煮詰まってしまったなと思い、いきなり「それはそうと、たまには僕のコーチをしてもらえませんか」といってみました。

「はっ？」電話の向こうでは鳩が豆鉄砲を食らったような顔をしているのでしょう。突拍子もない声が返ってきました。

こっちが冗談ではないというのがわかると、彼は結構楽しそうにコーチングをはじめました。

「どうすればもっとうまくいくと思います？」「そのことについて誰かサポートしてくれる人はいませんか？」

なかなかいい質問をしてくれます。そして十五分くらいして「逆コーチング」が一段落したときに「どうでした？」ときいたら「目の前が明るくなった気がします」といっていました。

それまで自分のことだけで頭が一杯になり視界がすごく狭かったのが、私の問題に関心を向けたことで少し視野が広がったようでした。その後、自分の問題を少しだけ余裕を持って見ることができているようです。

コーチングでは、相手のテーマについてさまざまな角度から見る努力をします。そして、それをすることで凝り固まった自分の首筋が少し柔らかくなります。すると自身のテーマについても、もう少しいろいろな視点から見ることができるようになるわけです。

部下に「どうすれば俺はもっといい上司になれると思う？」といってみましょう。

相手は一瞬「えっ？」という顔をしたあとに、きっと素晴らしいコーチングをしてくれることと思います。相手のためにも積極的にコーチングをしてもらいましょう。

コーチングをすることで得をするのはコーチングを受ける人だけではありません。コーチングをする人もまたコーチングされるのです。

立場を入れ替えて、相手の視野を広げる

立場が変われば視野も広がる

SKILL35

フォローする

難易度▼初 中 上

こんな場合にこのスキル

- □部下が期限通りにレポート等を提出しない
- □部下が目標を達成しない
- □部下が自分でやると宣言したことを継続してやらない
- □部下がリスクある行動に向けて最初の一歩が踏み出せない

誰かの行動が変わることを期待して、とことん関わり、そのときは相手も晴れ晴れとした表情になったので、「思い切っていってみてよかった」と思ったとしても、ふたを開けてみたら相手はなにも行動を変えなかったということはよくあります。

子どもを育てることからはじまって、人の育成に従事する者なら誰しも、自分の与えた言葉の影響が永久に続くことを願うものです。しかしそれは現実にはとてもむずかしいのです。

ですから「コーチ」はフォローします。相手を一瞬盛り上げて終わるのではなく、相手が確実に行動を起こすまで。まず、相手がとるべき行動を決定したら、数日後にその行動をとってどうなったか教えてほしいと伝えておきます。次に、実際何日かしたら、相手とコンタクトをとり、進捗状況を確かめます。もし行動が起きなかったのであれば、なにが妨げとなったのかをはっきりさせます。続いて、新たな行動を相手の主導で選択し、その行動へと向かわせます。「なにかあったらいつでもいってきてほしい。いつでもサポートするから」と、一言、つけ加えます。そして何日か後に再び相手の状況を確認します。

簡単なようですが、これを繰り返すことで相手は「コーチ」が自分の成長を確かにサポートしてくれている、自分を大切にしてくれていると思います。「コーチ」が単なる起爆剤ではなく、真の伴走者となる瞬間です。

たとえば、同僚があなたに「最近体調がよくなくてね。お酒を控えようと思うんだ」といったとします。ふだんのあなただったら、どう反応しますか。そんな機会があったら、試しにこういってみてください。「一週間経ったらきくから、状況を教えてよ。それから、途中でなにか僕にできることがあったら、なんでもいって」

いかにお酒が体によくないか、読みかじった知識を披露するより、相手にとってはずっと嬉しいかもしれません。

部下や同僚が新しい行動に挑もうとしているとき、ただ「いつでもそばにいるからね」というメッセージを発してみたらどうでしょうか。ぜひ、試してみてください。

一瞬盛り上げて終わるのではなく、相手の行動の結果をききとどける

コーチのフォローとサポートは不可欠

コーチングによって
とるべき行動を決める

クライアントが行動を
起こそうとする

クライアントが挫折しそうになる

コーチにサポートされている
安心感をもって、再び
行動に挑戦する

失敗する権利を与える

難易度▼初 中 上

こんな場合にこのスキル

□部下が目標を達成しない
□部下に仕事を任せることができない
□部下の中に答があるとはとうてい思えない
□部下がリスクある行動に向けて最初の一歩が踏み出せない

皆さんがこれまでなにか新しいことを学ぼうとしたとき、仕事でも、勉強でも、皆さんの上司、先生、親はどれくらい皆さんに「失敗する権利」を与えていましたか。

すなわち、失敗を悪として追及せず、成功へのステップとしてとらえ、その間じっと見守り続けてくれたでしょうか。それは皆さんにとって十分なものでしたか。それとも、もう少し失敗できる幅があったらよかったでしょうか。逆に今、誰かが新しいことを学ぶのをサポートする立場に皆さんがいるとしたら、どれくらいその人に「失敗する権利」を与えているかを振り返ってみてください。

先日、一歳の息子を持つ女性がこんなことを話してくれました。「アメリカ人のお母さんて、こっちが冷や冷やするくらい子どもに自由に遊ばせるのよね。どうしたらあんなふうになれるのかしら」

まだよちよち歩きの一歳そこそこの子どもに、滑り台の急な階段をひとりで登らせているところを見てそう思ったそうです。私もアメリカにいたとき感じましたが、確かに多くのアメリカ人の親は、子どもが小さいころからなんでも自分でやらせようとします。成功するにはその前提として失敗が不可欠であると思っています。

それに対して日本の親は、子どもを失敗させないようにする傾向が強いようです。子どもを持つ親だけでなく、日本の社会は一般的にあまり失敗に対して寛容ではありません。たとえば、会社を倒産させた経営者が表舞台に復帰するのはなかなかむずかしいのが現実です。それに対してアメリカでは、倒産させてしまったことそれ自体がかけがえのない経験として扱われるようなところがあります。

人材育成という場面では、相手に「失敗する権利」をもっと与えてもいいような気がします。それはなによりも「失敗する権利」を与えることが、相手の自発性を生みだすことに結びつくからです。逆にいえば「失敗する権利」がないところでは行動がどうしても「しなければならない」の連続になり、自発性よりも義務感を助長してしまいます。自分はどのくらい部下に「失敗する権利」を与えているのか、一度立ち止まって考える価値はあるでしょう。

失敗は成功の前提と考え、寛容になる

失敗は成功へのパスポート

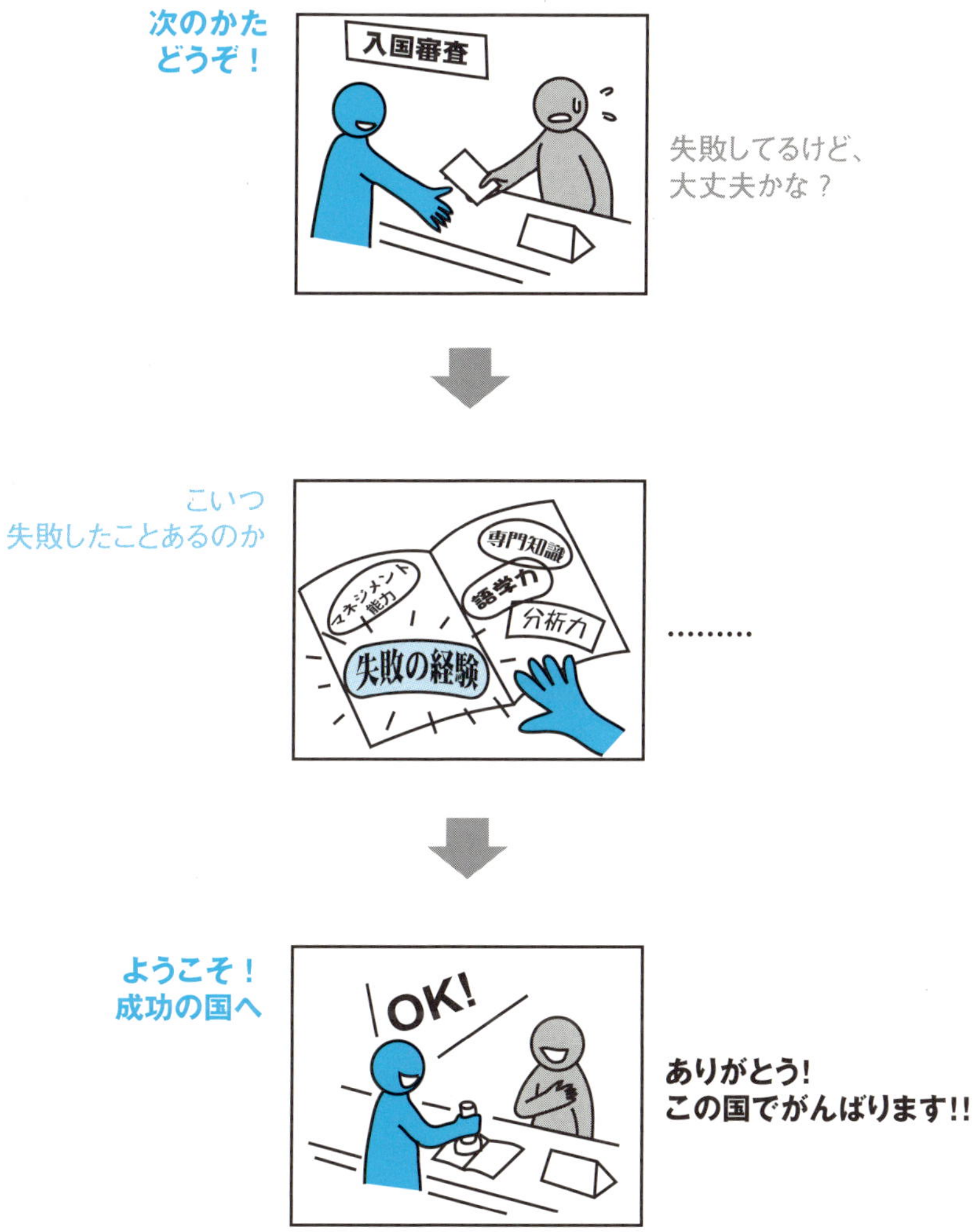
次のかた
どうぞ！
入国審査
失敗してるけど、
大丈夫かな？
こいつ
失敗したことあるのか
マネジメント能力
専門知識
語学力
分析力
失敗の経験
………
ようこそ！
成功の国へ
OK!
ありがとう!
この国でがんばります!!

「ここぞ」という場面でクローズド・クエスチョンを使う

難易度▼初　中　上

こんな場合にこのスキル

- □部下が期限通りにレポート等を提出しない
- □部下が目標を達成しない
- □部下の仕事に対するコミットメントがあまり高くない

先日、コーチ養成の研修中に、ある研修会社の社長さんが、コーチ役としてロールプレイをすることになりました。テーマは「ダイエット」です。

彼がした最初の質問は、「テーマはダイエットということですが、本当に痩せるつもりですか？」

私は頭をハンマーで殴られたような衝撃を受けました。自分であれば「いつまでにどのくらい痩せたいと思っていますか？」とか「これまでにどんなことを試されたか教えてください」とか、ゴールや過去の体験を確認することからはじめるでしょう。のっけから相手にイエスかノーかを迫るような質問をすることはめったにありません。

ところが彼はそれを断行しました。威圧するのでもなんでもなく、真摯に自分はあなたのコミットメントを確認したいんだというのが伝わってきました。

それに対してクライアントは、一瞬口ごもったあと、しっかりした口調で「はい、思っています」と答えました。彼のコーチングはこの瞬間、その成功をほぼ手中に収めたのです。たったひとつの質問で彼はクライアントをやる気にしてしまったのです。

質問には大きく二種類あります。オープン・クエスチョン（開いた質問）とクローズド・クエスチョン（閉じた質問）です。開いた質問とはいわゆる5W1H（いつ、どこ、誰、なに、なぜ、どのように）ではじまる質問、閉じた質問とは相手がイエスまたはノーでしか答えられないような質問です。

これまで私は、コーチングで大切なことは相手の中にある答を引きだすことであり、それを実現するためにはオープン・クエスチョンを多用することだと思っていました。しかし今回、私の中でクローズド・クエスチョンの価値が上がりました。相手との関係を崩さず使えるのであれば、質問三回に一回はクローズド・クエスチョンでいいかもしれません。

皆さんも、ぜひクローズド・クエスチョンを使ってみてください。クローズド・クエスチョンを使うには、勇気と思いやりが必要です。だからこそそれを真剣なトーンで伝えると、自分の中に力と愛が沸き起こるのがわかります。

**勇気と思いやりをもって
イエスかノーかを迫る質問をする**

たったひとつの質問で相手のやる気を引きだす

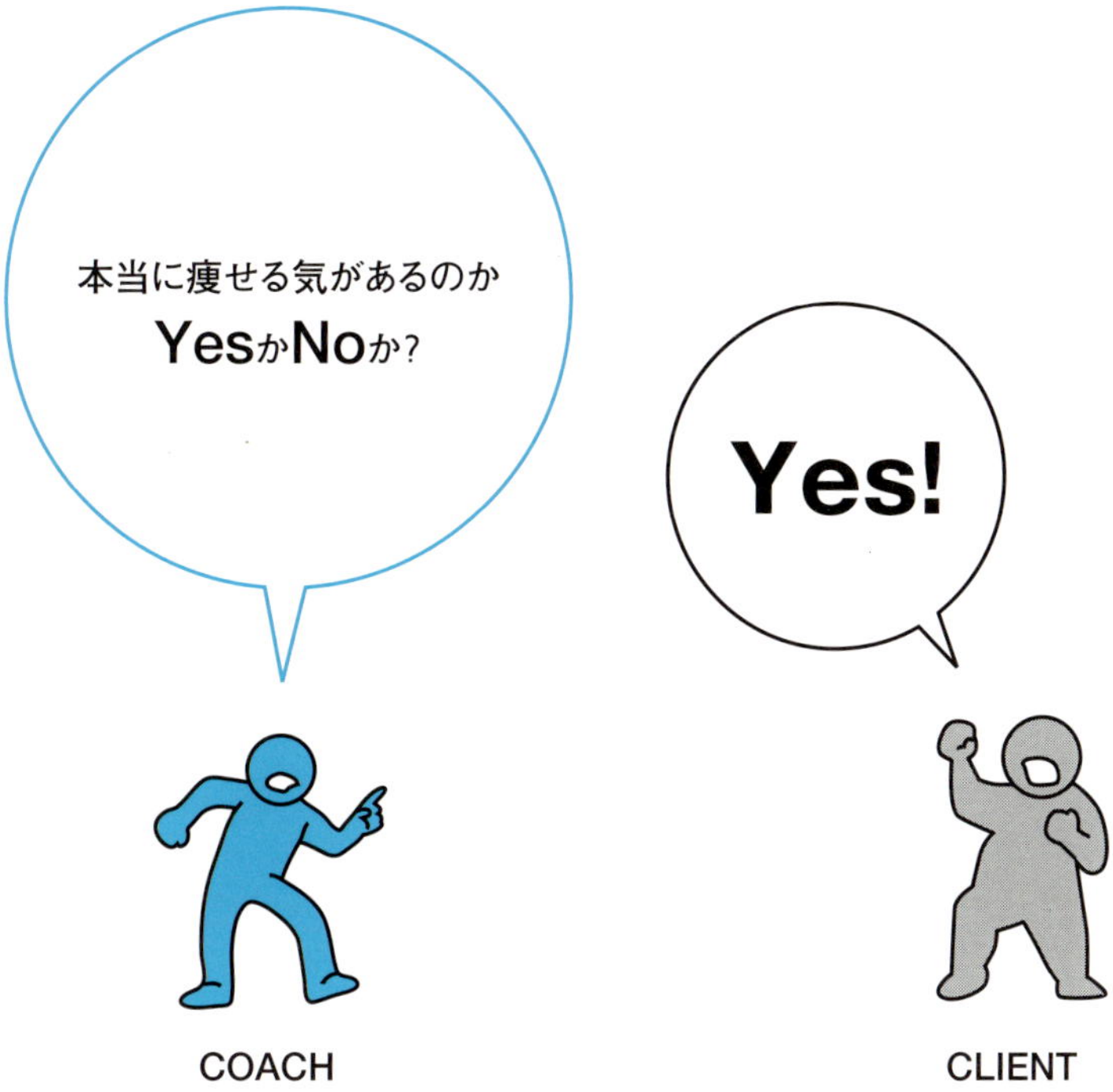
本当に痩せる気があるのか
YesかNoか?
Yes!
COACH
CLIENT

コーチングでの質問は、原則として
5W1Hのオープン・クエスチョン。
ただし、相手との信頼関係が
確かなものであれば、クローズド・クエスチョンが
劇的な効果をあげることもある。

難易度▼初 中 上

相手の心に火をつける

こんな場合にこのスキル

□部下が目標を達成しない
□部下の仕事に対するコミットメントがあまり高くない

コーチングはとにかく行動がすべてです。コミュニケーションを交わした結果、クライアントが気持ちよくなったかは二の次で、実際にクライアントが行動を起こしたかどうかがコーチングの価値を決める唯一絶対の基準です。行動の集積が目標の達成につながればもちろんいうことはありませんが、最低限、コーチが責任を持てるのは、あるいは持つべきなのは、クライアントの行動です。

コーチはクライアントが行動をとらないときに「いやあ、行動の強制はできないからなあ、今はそういう状態なんだよ」などといいわけしてはいけないのです。あなたの部下が動かなかったということは、あなたに十分なコーチング力が備わっていなかったということです。コーチングはそれくらいの覚悟で行う必要があります。

最後に「必ずやってくださいね」とストレートにリクエストする

さて、これまでいろいろなコーチのスキルやありかたを紹介してきましたが、そのすべては、相手を行動に向かわせることが目的です。コーチングをジグソーパズルにたとえるなら、中でも大きなピースは、「相手から引きだす」ことです。自分でやろうと思ったことは、人からああしろこうしろといわれたことよりも、ずっと実際の行動に移す可能性が高いのです。したがって「相手から引きだす」のは、コーチにとって忘れてはならないスキルでありスタンスです。

しかし、行動が起きる可能性をより高めようと思ったら、もうひとつ大事なピースを加える必要があります。それが「ファイヤー」、日本語にすれば「火をつける」。ファイヤーとはストレートな行動のリクエストで、その目的は、相手の行動に対する意識を瞬間的にぐっと高め、「よし、やるぞ!」と心の中でいわせることです。

ファイヤーするのは、とことん引きだし、相手がこういうことをしてみると宣言したあとです。「やってくださいね、絶対に」「なにがあってもそのことだけは、必ず試してください」と、低く落とした真剣な声でリクエストします。行動に関してはあなたがいかなるいいわけをも受けつけないことを明言するのです。二人の間に人が行動を決意した瞬間の、あの「神聖な空気」が一瞬でも流れたら、ファイヤーは成功です。

真の行動に結びつけるためには……

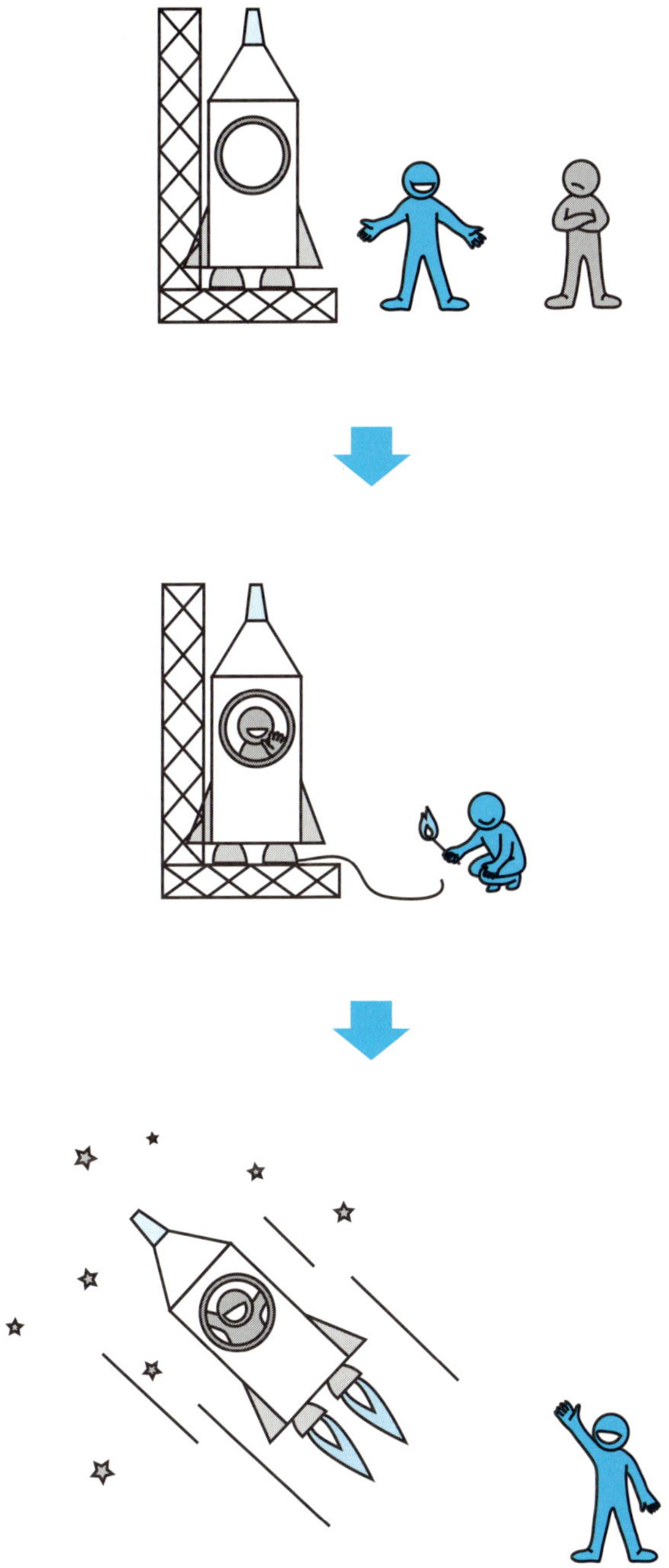

SKILL39

ほめ続ける

難易度▼初 中 上

こんな場合にこのスキル

□部下が目標を達成しない
□部下をどうほめたらいいかわからない

　ある食品メーカーで研修をしていたときのこと。どうすれば効果的に部下を承認することができるかという話をしていたら、ひとりの営業課長がこう質問してきました。「承認のしかたはわかりましたが、叱るときはどうすればいいんですか？」

　私が「少なくともコーチングという枠組みの中では、叱るということは一切しません」と答えると、狐につままれたような顔をして「叱らなければいけないときもありますよね。そういうときはどうすればいいんですか？」と問い返してきました。「ですから、叱らないんですよ。どんなときでも」と、私があまりにもきっぱりといってしまったので、彼は「わかりました」と、それ以上はなにもいいませんでした。

　多くの管理職は部下の育成には「ほめる」ことと同時に「叱る」ことが必要だと思っています。ほめてばかりいたら成長などあるはずがない、叱られてはじめて自分の過ちに気づき、成功に向けた新しい一歩を踏みだせるのだと。

　私は叱るという行為を否定しているわけではありませんが、「叱らない」育てかたの可能性について、もう少し考えてみてもいいと思います。

　女子マラソンの金メダリスト高橋尚子選手が、テレビのインタビューで彼女を育てた小出監督の育成方法を評し「小出マジック」といい表していました。「とにかく監督はほめてくれるんです。たとえタイムが悪くても『いいねえ～』とか。そうするともっとがんばろうって思っちゃうんですよね」

　あなたが育成される立場にあるとしたらどうでしょう。自分と上司との関わりについてちょっと想像してみてください。あなたの上司が来る日も来る日も本当にほめ続けてくれたら、あなたの仕事に対するモチベーションはどうなりますか？　上がりますか、それとも下がりますか？

　「叱るな」とはいいません。でももう少し、ほめることの効用について想いを馳せてみてください。そして、もしその気があれば、自分の部下をひとり選んで、半年くらいほめ続けるということを試してみてください。もしかしたら、金メダル級の成果をあげるかもしれません。

相手をとにかく毎日ほめ続けてみる

「叱らない」育てかたは簡単ではないが……

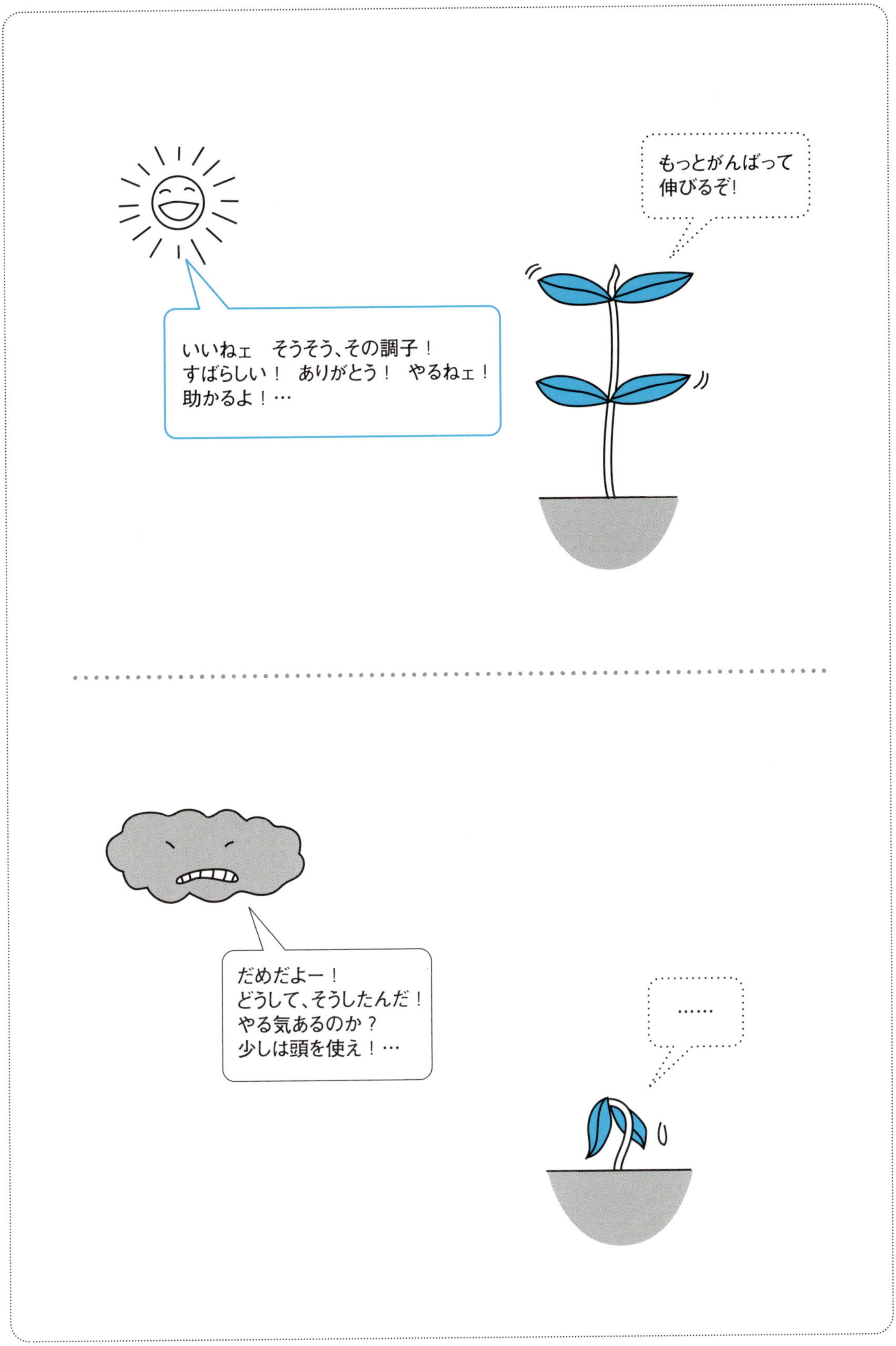

いいねェ　そうそう、その調子！
すばらしい！　ありがとう！　やるねェ！
助かるよ！…
もっとがんばって
伸びるぞ!
だめだよー！
どうして、そうしたんだ！
やる気あるのか？
少しは頭を使え！…
……

心の絵を差し替える

難易度▼ 初 中 上

こんな場合にこのスキル

□部下が目標を達成しない
□部下がリスクある行動に向けて最初の一歩が踏み出せない

　人の行動は、頭の中で唱えた通りに起きるわけではありません。「前向きに行くぞ、前向きに行くぞ」と繰り返したからといって、必ずしも行動が前向きになるということはないのです。

　では、なにによって人の行動は最も影響を受けるのでしょうか？

　その人の心のスクリーンに、どんな絵が描かれているかということが非常に大きいのです。たとえば「前向きに行くぞ」と頭ではいいながら、内側では「壁に突き当たって、もがき苦しんでいる自分自身」をありありと描いている、しかも灰色で。なんていうことがよくあるわけです。これでは気楽に行動を起こすなんて、できるわけがありません。それに対して、うまくいっている人というのは、ほとんどの時間はうまくいっている自分の姿でスクリーンをいっぱいに埋め尽くしているものです。明るくさわやかな色で。ですから、なにかあってもすぐ次の行動に移っていけるのです。

　さて、コーチは、相手が行動を起こしやすくするために、相手の心のスクリーンに描かれた絵を一瞬にして差し替えることができます。ネガティブな絵を消し、そこにポジティブな絵を置くことができるのです。

　たとえばここに、思うように売上を伸ばすことのできない新米営業マンがいるとします。彼はどうすればうまくいくのかを考えるばかりで、行動は抑制されてしまっています。おそらく彼の内側には、なにを提案してもお客さんからイエスをとりつけられない、自信を失った自分の姿が、薄暗い色で描かれているのでしょう。

　そんな彼に対して、コーチング・マインド溢れる上司であれば、ただ「がんばれ！」と激励するだけでなく、行動の基点である内側の絵を変えるために、いくつかのことを試してみるはずです。「過去の経験の中で、障害に突き当たりながらもそれを乗り越えた体験について話してもらう」「相手がモデルとしている人なら、どのように今の状態を乗り越えていくと思うかきいてみる」……など。

　相手の心のスクリーンに、それを見るだけで一歩前に出たくなる、そんな絵を一瞬にして映しだしてしまう。それが「コーチ」と呼ばれる人なのです。

相手の体験やモデルをきくなどして、内側の絵を明るくさわやかにする

クライアントの抱くイメージを変えるのもコーチの役割

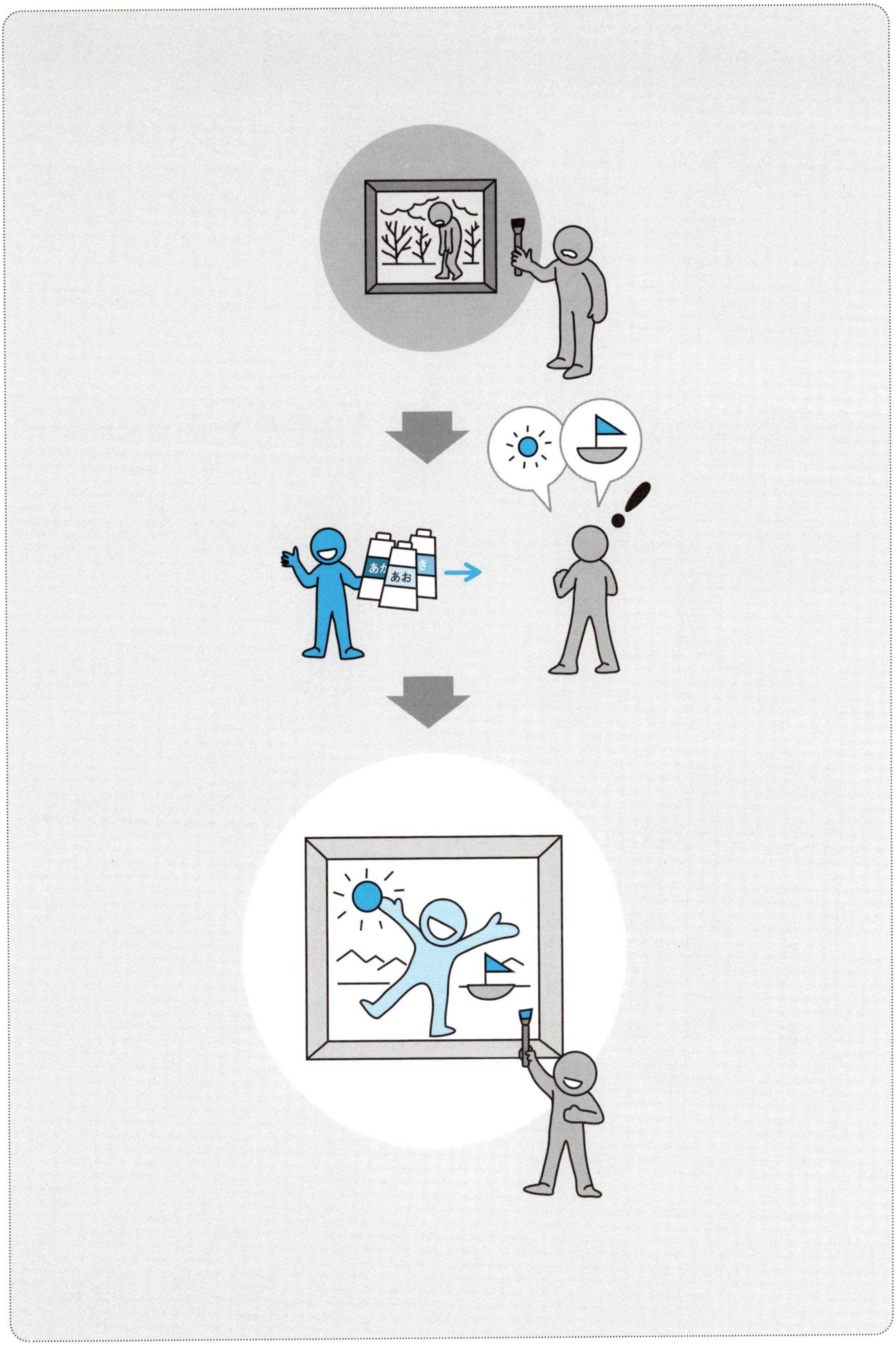

難易度▼初 中 上

エネルギーを蓄えさせる

こんな場合にこのスキル

□部下が目標を達成しない
□最近部下が疲れている

車が走るためにはガソリンが必要なように、人が行動するためにはエネルギーが必要です。行動することばかりに躍起になってエネルギーの補充を怠ると、ガス欠になって思いがけないトラブルが発生することもあります。もし、あなたが誰かをコーチする立場にあるとしたら、車を走らせるときガソリンの残量をこまめにチェックするように、その人のエネルギーの充填度に絶えず意識を向けている必要があります。

頻繁にあなたの部下がガス欠に陥るようだったら、彼のエネルギーを補充するシステムをいっしょにつくってみたらどうでしょうか。車を走り続けさせるために「定期的」にガソリンを注入するように、その場限りの打ち上げ花火ではなくて、毎日あるいは少なくとも二、三日に一回はエネルギーが注ぎこまれるシステムを。

一方的に「これをやれ」というのではなく、質問をして相手に考えてもらいます。「どうしたら定期的に自分のエネルギーを補充できると思う?」

もちろん、いいアイデアをあなたが持っていたら「提案」してみるのもいいでしょう。

先日、部下の顔を見ると、トロ~ンとした生気のない眼をしています。きくと最近仕事が忙しく、家に帰るとぐったりしてそのままソファの上で寝てしまうのだといいます。彼女自身、帰宅後の時間を自分の体と心をリフレッシュする時間に変えたいというので、どういうことをするか二人で話し合いました。

彼女が決めたのは、「家に帰ったらすぐに入浴剤の入ったお風呂に入る」「お風呂を出たら会社につけていくのとは違うコロンをつける」「クラシックをききながらお気に入りのハーブティーを飲む」の三つでした。

次の日、本当に晴れやかな顔で彼女がやってきて「すっごくよかったです! 昼の延長ではなくて、夜がまた新しくはじまった気がしました。もう今日は気分すっきりです」

あなたはどんなふうにして自分のエネルギーを補充しますか? 自分の補充法が決まったら、次にガス欠の人を見つけて、エネルギーを補充するお手伝いをしてみてください。

エネルギーを補充する、人それぞれの方法を見つける

自分独自のエネルギー補給の方法を！

**マラソン選手が自分にあったスペシャルドリンクを
備えておくのと同じように、自分にフィットした
リフレッシュ法を見つけておくことが大切だ。**

もっと知るには

いずれもディスカヴァー刊。全国主要書店、または、アマゾン(amazon.co.jp)で。挟み込みのハガキでもご注文になれます。100冊以上の一括ご購入の場合はディスカヴァーまで、お電話またはメールでご相談ください。

TEL 03-3237-8321/info@d21.co.jp

下記ウェブサイトでもご注文をお受けしています。新刊情報も入ったメルマガの配信申込もこちらから。

http://www.d21.co.jp

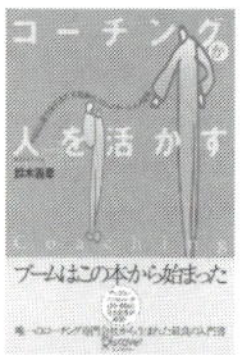

コーチングが人を活かす

鈴木義幸　四六判上製128ページ　税込1365円
本書の親本。コーチング・ブームを起こし、発売以来10万部を越えるロング&ベストセラー。本書には出ていないスキルも紹介されている。

4つのタイプ

鈴木義幸　四六判上製176ページ　税込1365円
本書にもある「4つのタイプ」について詳しく知りたい方に最適。部下や上司と自分のタイプの見分け方、それぞれのタイプの組み合わせに応じた「ほめ方」「まかせ方」「要望の仕方」その他を具体的事例を引きながら解説している。リーダー、マネジャー必携。

映画で学ぶ!　心を揺さぶるコーチング

鈴木義幸　四六判並製168ページ　税込1365円
人の心を深く動かす映画の名セリフ。コーチングの第一人者である著者が「なぜそのセリフは心を打つのか?」を読み解き、ビジネスシーンでの活かし方を提案。30の映画の名場面を通して、成功するコミュニケーションの秘訣が手軽に学べる。

コーチングマネジメント

伊藤守　四六判上製328ページ　税込2100円
「なぜ決めたことが実行されないのか?」「なぜ戦略が社内に徹底されないのか?」「なぜ組織は変わらないのか?」それら組織の最大課題に、コーチングが突破口を開く。理論から実践的応用までのすべてを網羅し、コーチングを学ぶ人のバイブルとなる1冊。

図解コーチングマネジメント

伊藤守　B5判並製96ページ　税込1050円
5万部突破のベストセラーが、図解となって登場。入門書として、また要点整理ノートとして最適。

コミュニケーションはキャッチボール

伊藤守　四六変型判並製112ページ　税込1155円
著者によるコーチングメソッドの基礎となるコミュニケーションの神髄が、キャッチボールのイラストとともに平易に語られる。小さいながら組織のコミュニケーションカルチャーを変える本。

おかあさまのためのコーチング

あべまさい　四六判並製176ページ　税込1365円
著者自身の子どもとの関わりのなかで、コーチングの視点とスキルが丁寧に語られる、ご両親のためのコーチング入門書。コーチングが、相手との、そして、自分自身との関わりを変えるヒューマンスキルであることをあらためて納得させられる。

QT　質問思考の技術

M・G・アダムス　四六判並製240ページ　税込1470円
QTとは、Question Thinking(質問思考)の略。常に人は、自分自身に質問を投げかけている。その質問を意図的に変えることで、建設的に考える能力を身につけ、自己評価や、人間関係、仕事の成果に結びつけるという、注目のメソッドを解説。

コーチングのプロが使っている質問力ノート

R・ホワイト　四六判上製128ページ　税込1365円
世界中のプロのコーチやコーチングを学んでいる人たちがテキストとしている名著。(1)よい質問のつくり方(2)相手にうまく問いかける技術(3)相手の話のよい聞き方——を簡潔明瞭に説く。ビジネスの現場で成果を出す質問の極意がここにある。

ポータブルコーチ1、2

T・レナード編　小B6変型判120ページ　税込1050円
コーチ・ユニヴァーシティ創設者が、世界のコーチたちから集めた、ビジネスのさまざまな場面で役に立つ鉄則やちょっとした工夫をテーマ別にTOP10形式で紹介。マネジメントや仕事術、コミュニケーションまで多岐に渡って充実。コーチングに活用できる。

コーチング選書

コーチング先進国であるアメリカから、コーチおよびコーチングを学びたいビジネスパーソンのための良書を厳選、株式会社コーチ・エィまたは株式会社コーチ・トゥエンティワンの監修でお届けする、我が国唯一の本格的コーチング専門書のシリーズ。

01　コーチング5つの原則

J・フラーティ
四六判上製348ページ　税込2520円
コーチングとは何か、また、コーチングのプロセスをどのように進行すべきかを、哲学・心理学・社会学の手法によって、人間性の本質と関連させて考察した、世界初のコーチング理論書。コーチングの実践や学習にあたって疑問や迷いが生じたとき、常に立ち戻るべき原点を示す。

02　会話のマネジメント

M・コノリー&R・リアノシェク
四六判上製328ページ　税込2310円
社員採用、製品化までの時間短縮、顧客獲得、利益向上など、ビジネスにおける重要事項はすべて、経営者やマネジャーのコミュニケーション力にかかっている。より多くの成果をより速く生み出すための「会話」スキルを紹介、ビジネスコーチ必携の書。

03　人を動かす50の物語

M・パーキン
四六判上製272ページ　税込2100円
ビジネスパーソン個人やグループが、適切な目標設定や問題解決をおこなうとともに、ビジネスへの意欲と自信を高めるために有効な物語を50収録。コーチングやマネジメントにおいてすぐに活用でき、即効性の期待できる実戦的な物語集。

04　戦略的質問78

C・エプスタイン
四六判上製336ページ　税込2520円
マネジャーやリーダーが尋ねるべき具体的な質問を網羅、さらに部下や顧客から、質問を引き出し、適切に答える方法までを学ぶことができる。ビジネスコミュニケーションの鍵となるスキル「質問」に焦点を絞った決定版。

コーチングの導入を検討している企業・団体の方は

株式会社コーチ・エィ

29人のプロフェッショナル・コーチを擁する(2005年6月現在)日本で随一の「コーチング・ファーム」。"make it FUN!"をミッションとし、これまでのべ400社を超える企業に対して、管理者向けコーチング研修、エグゼクティブに対するワン・オン・ワンコーチング、風土改革、チェンジマネジメントなどのプロジェクト型コーチングを実施している。

詳しくは2005年4月にリニューアルオープンした下記サイトへ。企業におけるコーチングの活用実例をプロフェッショナルコーチが紹介する無料のメールマガジン「Biz Coach Magazine」の配信申込もできる。

http://www.coachA.com

TEL 03-3237-8815

コーチングスキルを学びたい方、個人的にコーチを雇いたい方は

株式会社コーチ・トゥェンティワン

1997年　米国の大手コーチ育成機関コーチ・ユニヴァーシティとライセンス契約を結び、日本初のプロフェッショナルビジネスコーチの養成機関として設立された。国際コーチ連盟(ICF)認定コーチ育成プログラムである「コーチ・トレーニング・プログラム(CTP)」を提供。CTPを受講し、試験に合格すると財団法人生涯学習開発財団の認定資格を取得することができる。また、国際コーチ連盟(ICF)との強いリレーションにより、海外のトップクラスコーチとの交流に基づいたプログラムの提供を行っている。

コーチングに関する幅広い情報を提供するウェブサイトは下記。無料のコーチング・メールマガジン「WEEKLY COACH」の配信申込もできる。

http://www.coach.co.jp

TEL 03-3237-9781

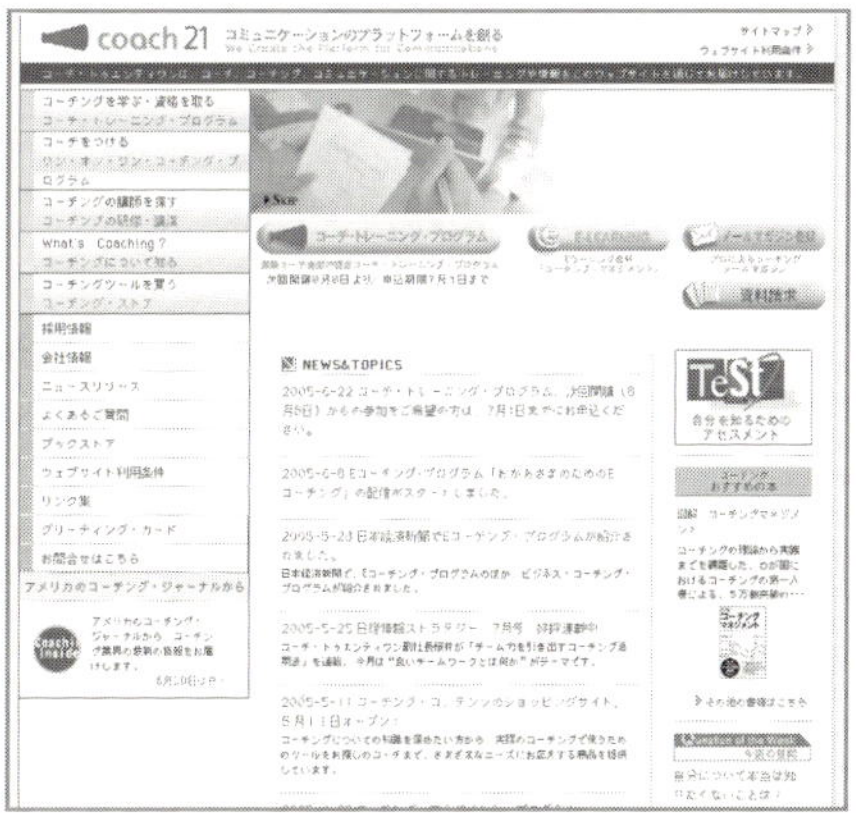

コーチングに関する全般的なご質問は

日本コーチ協会

健全なコーチの育成とコーチングスキルの発展・普及を通じて社会に貢献することを目的に設立された。支部活動の支援、国際コーチ連盟認定コーチ申請の英訳サポートなど。

http://www.coach.or.jp

TEL 03-3237-8994

図解コーチングスキル

発行日　2005年７月５日　第1刷
　　　　2006年２月10日　第4刷

author／鈴木義幸

book designer／日下充典…装丁
新田由起子（ムーブ）…本文
illustrator／鈴木真紀夫

publication／株式会社ディスカヴァー・トゥエンティワン
〒102-0075　東京都千代田区三番町8-1
tel. 03-3237-8345（営業）　03-3237-8991（編集）
fax. 03-3237-8323　http://www.d21.co.jp

publisher／干場弓子

editor／藤田浩芳（編集協力　小林茂樹）

promotion group
staff／小田孝文　中澤泰宏　片平美恵子　井筒浩　千葉潤子
長谷川雅樹　早川悦代　飯田智樹　佐藤昌幸　田中亜紀
谷口奈緒美　横山勇　鈴木隆弘　八木憲一　大薗奈穂子
大竹朝子　當摩和也
assistant staff／俵敬子　長土居園子　町田加奈子　丸山香織
小林里美　冨田久美子　井澤徳子　古後利佳
藤井多穂子　片瀬真由美　藤井かおり　三上尚美
大橋まさみ　山中麻吏

operation group
staff／吉澤道子　小嶋正美　小関勝則
assistant staff／竹内恵子　望月緑　畑山祐子　熊谷芳美　高橋久美
空閑なつか　中村亜美　須藤葉月　白石眞規子

printing／株式会社厚徳社